99 Rezepte

Löffelweise

Patrick Coudert

99 Rezepte

Löffelweise

SÜDWEST

Inhalt

Was ich von Paul Bocuse gelernt habe

Schon als Kind habe ich meine jüngeren Geschwister bekocht und fand Gefallen am Kochen. Später fragte man mich, welchen Beruf ich denn wohl ausüben wolle. Es standen für mich zur Auswahl: Architekt, Priester oder Koch. Ich habe mich für den Koch entschieden!
Mein Vater hatte damals eine Tankstelle, und Paul Bocuse war ein guter Kunde. Mein Vater fragte ihn, ob ich bei ihm lernen könne. Und so kam es, dass ich in den Ferien das erste Mal den harten Drill der Küche schnupperte. Monsieur Bocuse fragte mich anschließend, ob ich noch immer Interesse an der Ausbildung hätte. Ich antwortete: »ja!«.
Die Ausbildung über 3 Jahre war hart, aber gut. Ja – was habe ich gelernt? Kochen! Mit allem, was dazugehört. Meine Frau sagt immer: »Man kann dich fragen, was man will, in der Küche oder über Lebensmittel, du weißt immer eine Antwort!«.
Bei Bocuse und auch später habe ich für viele prominente Gäste gekocht und diese auch gesehen! In den ersten Häusern in London, New York und Montreal habe ich Erfahrungen gesammelt und mich bis zu zwei Michelin-Sternen heraufgekocht. Auch die Selbstständigkeit erprobte ich in meinem turbulenten Leben. Heute lebe ich eher zurückgezogen mit meiner Frau in herrlicher Natur im Chiemgau und arbeite als Privatkoch in einem exklusiven Privathaushalt.

Patrick Coudert schloss seine Ausbildung bei Paul Bocuse als bester Lehrling Frankreichs ab.

Wie ist nun die Idee entstanden, ein Kochbuch zu schreiben? Als ich mein eigenes Restaurant besaß, habe ich auch Kochkurse veranstaltet. Die Teilnehmer waren bunt gemischt: Hausfrauen, Ärzte, Manager, Büroangestellte ..., alles war vertreten, und alle hatten die gleichen Probleme. Milliliter, Zentiliter, Gramm – was ist das?, welches Messgefäß nehme ich, wenn ich es denn habe? So mancher kratzte sich ratlos am Kopf! So war die Idee der Vereinfachung geboren – wir arbeiteten fortan nur noch mit Löffeln. Der Crèpeteig löffelweise zubereitet, war ein voller Erfolg – keiner hatte sich zuvor an Crèpes getraut. Nebenbei bekam jeder ein Gefühl dafür, in welchem Verhältnis die einzelnen Zutaten zueinander stehen müssen.

Bei Laienköchen plädiere ich immer für einfache Rezepte mit guten Zutaten, Rezepte, die sich leicht herstellen lassen, aber viel »hermachen«. Gastgeberin oder Gastgeber sollen sowohl glanzvolles Essen auftragen als sich auch gleichzeitig den Gästen widmen können, ohne pausenlos in der Küche beschäftigt zu sein. Meine Kochkursteilnehmer sind übrigens sehr weit gekommen: Eine Dame hat einmal voller Begeisterung ein 4-Gänge-Menü für 17 Personen ohne Stress gemeistert.

Was die Zutaten in meinen Rezepten betrifft: Nur beste Qualität bringt optimalen Erfolg. Wir Franzosen sind da sehr wählerisch! Nun gibt es nicht überall einen so reich bestückten Wochenmarkt wie beispielsweise den Viktualienmarkt in München. Seien Sie deshalb erfinderisch: Wenn Sie eine Zutat einmal nicht bekommen, tauschen Sie sie durch eine andere aus.

Sie werden feststellen, dass das Thema Teller anrichten und dekorieren in meinen Rezepten immer wieder zur Sprache kommt. Auch das ist typisch französisch. Das Auge isst immer mit. Nicht Masse soll auf den Teller, sondern etwas liebevoll Arrangiertes. Probieren Sie es aus. Überraschen Sie Ihre Gäste, Ihre Familie, Ihre Liebste oder Ihren Liebsten mit ansprechend dekorierten Tellern. Die Komplimente werden Ihnen sicher sein!

Höchste Qualität, die Frische der Zutaten und wenige kleine Kniffe in der Zubereitung sind das einfache Geheimnis dieser Rezepte.

Nun wünsche ich Ihnen viel Erfolg und Freude beim Nachkochen.

Übrigens – ich habe mich immer bemüht, die Haushalts- und nicht die Profiküche zu sehen. Aber dennoch, eine Basisausstattung mit guten Werkzeug ist neben unserem Löffelmaß trotz allem nötig!

Bon Appétit
Ihr
Patrick Coudert

Kalte und warme Vorspeisen

Jeder liebt sie – die kleinen Vorspeisen, die den ersten Hunger stillen und den Appetit wecken auf den nächsten Gang. Lassen Sie sich einstimmen mit einem grünen Salat an einer Grapefruit-Orangen-Sauce oder einem Rucolasalat mit sautierten Nüssen. Aber auch das Tatar von Wildlachs, gefüllte Tomaten mit Garnelen in Mascarpone-Vinaigrette oder eine cremige Steinpilzsuppe lassen erahnen, was noch kommen könnte …

Zimtdressing

für einen winterlichen Salat

Für 4 Portionen

1 EL Lavendelhonig
1 TL Zimtpulver
Salz, Pfeffer aus der Mühle
4 EL Rotweinessig
8 EL Olivenöl

***Zubereitungszeit:** 5 Minuten*

In einem kleinen Topf bei ganz schwacher Hitze den Honig flüssig werden lassen. Von der Kochstelle nehmen.

Zimtpulver, Salz, Pfeffer und Rotweinessig unterrühren.

Das Öl unter Rühren nach und nach einlaufen lassen.

Tipp
Eines meiner Lieblings-Salat-Dressings. Einzigartig ist die Harmonie zwischen dem fernöstlichen Zauber von Zimt und der würzigen Süße von Lavendelhonig. Das Zimtdressing passt ganz wunderbar zu Feldsalat mit geräucherter Entenbrust. Oder auch zu Friséesalat mit Walnussstückchen und knusprigen Croûtons.

Rote-Bete-Dressing

zu lauwarmem Kartoffelsalat

Für 4 Portionen

6 EL Rote-Bete-Saft
6 EL Rotweinessig
4 EL Olivenöl, 1 TL Honig
Salz, Pfeffer aus der Mühle
2 EL gehackte frische Kräuter der Provence

***Zubereitungszeit:** 5 Minuten*

Rote-Bete-Saft, Essig, Öl und Honig im Mixer kurz aufmixen. Mit Salz und Pfeffer würzen.

Zum Schluss die Kräuter unterrühren.

Grapefruit-Orangen-Sauce

als Dressing für Rohkost und Salate

Für 4 Portionen

1 Grapefruit
1 Orange
2 EL Joghurt
2 TL Cognac
Salz, Pfeffer aus der Mühle

Zubereitungszeit: 15 Minuten

Grapefruit und Orange waschen und schälen, dabei die bittere weiße Schicht entfernen, ohne das Fruchtfleisch zu verletzen. Die Früchte filetieren, das bedeutet, das Fruchtfleisch zwischen den Trennwänden herausschneiden.

Die Hälfte der Fruchtfilets in eine Schüssel geben, zerdrücken und den Saft durch ein Sieb passieren. Die restlichen Filets in kleine Würfel schneiden.

Den Saft mit Joghurt und Cognac verrühren, mit Salz und Pfeffer würzen. Die Fruchtstücke zufügen.

Tipp
Dieses Dressing passt gut zu Chicorée-Salat. Mit frischem Kerbel dekorieren – ein leichter, frischer Genuss.

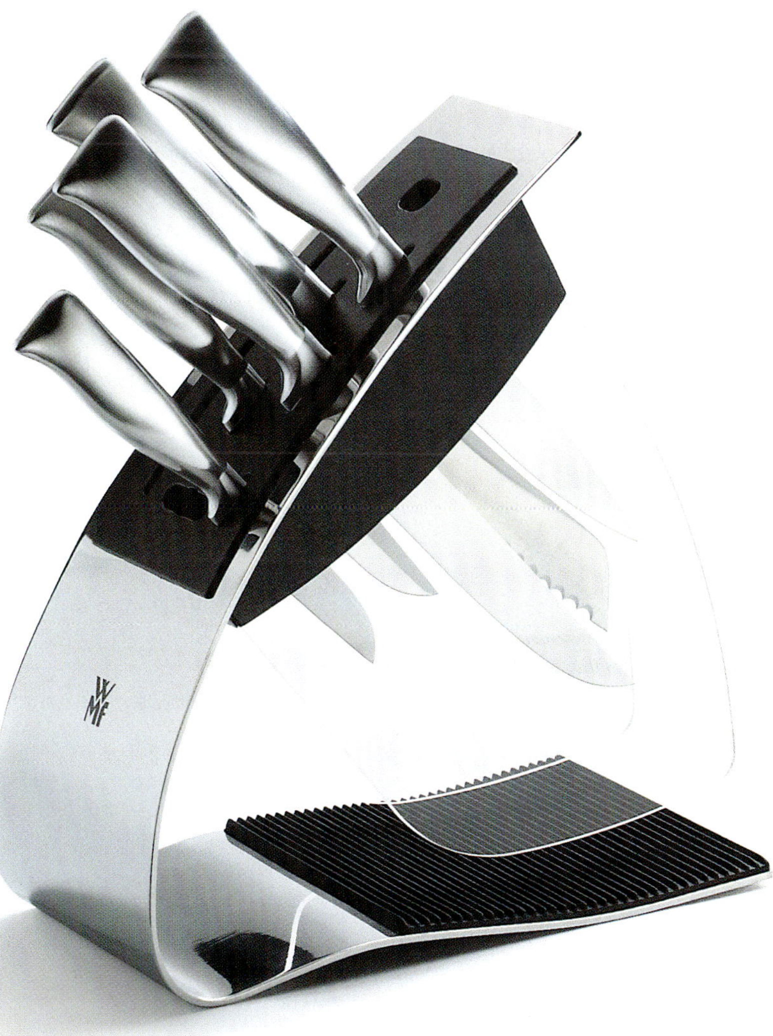

Pochierter Porree

in Himbeervinaigrette

Für 4 Portionen

4 mittelgroße Stangen Porree
Salz
Für die Vinaigrette:
5 EL Apfelweinessig
4 EL Pflanzenöl
1 TL Zucker
8 EL Himbeeren
Salz, Pfeffer aus der Mühle

Zubereitungszeit: *20 Minuten*

Die leichte Zwiebelschärfe von Porree wird durch die Himbeervinaigrette mit ihrem feinen Fruchtaroma perfekt ergänzt.

Den Porree waschen, welke Blätter, Blattspitzen und den Wurzelansatz entfernen. Salzwasser aufkochen und die Stangen darin etwa 12 Minuten garen.

Den Porree herausheben und mit kaltem Wasser abschrecken, damit er seine grüne Farbe behält. Mit einem Küchentuch (kein Krepp) trockentupfen, damit die Vinaigrette später nicht verwässert wird. Die Stangen bis etwa zur Hälfte längs einschneiden, damit man das Grün nach unten klappen kann.

Für die Vinaigrette Essig, Öl, Zucker, Himbeeren, Salz und Pfeffer im Mixer pürieren. Die Mischung durch ein feines Sieb passieren.

Die Vinaigrette als Spiegel auf vier Teller verteilen. Den Porree wie eine Trauerweide geformt auf die Vinaigrette legen.

Tipp

Falls Sie keine frischen Himbeeren bekommen, können Sie auch tiefgekühlte verwenden.

Carpaccio von Roter Bete

mit Salat von Rosenkohlblättern

Rosenkohl waschen, putzen und in Blätter zerpflücken. Die Blättchen in kochendem Salzwasser nur kurz blanchieren, damit sie knackig bleiben. Herausheben und mit kaltem Wasser abschrecken. So behalten sie ihre Farbe.
Die Rote Bete in hauchdünne Scheiben schneiden und jeweils wie eine Rosette auf die Teller legen.

Essig, Sojasauce, Honig und Paprikapulver miteinander verrühren. Das Öl unter ständigem Rühren nach und nach einlaufen lassen. Mit Salz und Pfeffer würzen.

Einen Teil des Dressings auf die Rote-Bete-Scheiben geben. Die Rosenkohlblätter in die Mitte der Teller auf die Rote Bete platzieren und mit dem restlichen Dressing beträufeln. Mit Petersilie dekorieren.

Für 4 Portionen

8 Rosenkohl
Salz
2 gekochte Rote Bete
3 EL Himbeeressig
1 EL Sojasauce
1 TL Honig
1 TL Paprikapulver
4 EL Olivenöl
Pfeffer aus der Mühle
Zum Dekorieren:
2 EL gehackte frische Petersilie

Zubereitungszeit: *25 Minuten*

Das Rote-Bete-Carpaccio gleicht der verträumten Schönheit von Seerosen.

Rucolasalat

mit sautierten ganzen Nüssen

Für 4 Portionen

2 EL Olivenöl
2 EL abgezogene Mandeln
2 EL Haselnusskerne
2 EL Walnusskerne
2 EL Pistazienkerne
2 EL Pinienkerne
Salz aus der Mühle
1 EL gehackter Knoblauch
2 EL gehackte frische Kräuter der Provence
8 Bund Rucola
Für die Vinaigrette:
2 EL Walnussöl
2 EL Olivenöl
3 EL Orangensaft
3 EL Weißweinessig
1 EL Zuckerrübenkraut
Salz, Pfeffer aus der Mühle

Zubereitungszeit: *15 Minuten*

Das Olivenöl in einer Pfanne bei schwacher Hitze erhitzen und alle Nüsse darin unter Wenden anrösten. Salzen. Knoblauch und Kräuter zufügen und kurz mitsautieren. Von der Kochstelle nehmen.

Die Nüsse auf Küchenkrepp geben und abtropfen lassen, damit das Öl vom Anbraten nicht in die Vinaigrette kommt.

Die Rucola waschen und trocknen.

Alle Zutaten für die Vinaigrette im Mixer vermischen.

Den Salat auf vier Teller verteilen und mit der Vinaigrette übergießen. Die gewürzten Nüsse darauf verteilen.

Info
Sicherlich kann man für dieses Rezept auch weniger Nusssorten verwenden, jedoch basiert das Geschmackserlebnis gerade auf dieser Vielfalt.

Die Vielfalt der süßlich-aromatischen Nusssorten macht den leicht herben Rucolasalat zum Geschmackserlebnis.

Spargelsalat

roh, mariniert

Für 4 Portionen

1 kg weißer oder grüner Spargel
1 Tomate
1 EL gehackte Schalotten
Für die Sauce:
20 EL Himbeeressig
1 EL Pernod (französische Anis-Spirituose)
1 EL gehackter frischer Dill
Salz, Pfeffer aus der Mühle
10 EL Haselnussöl

Zubereitungszeit: *30 Minuten*

Den Spargel waschen. Die Stangen von oben nach unten schälen, die weißen ab den Köpfen, die grünen nur im unteren Drittel. Nach Bedarf harte Enden abschneiden. Die Stangen schräg in sehr dünne Scheiben schneiden.

Die Tomate mit kochendem Wasser überbrühen, abziehen, den Stielansatz und die Samen entfernen und das Fruchtfleisch in kleine Würfel schneiden.

Spargelscheiben, Tomaten- und Schalottenwürfel in einer Schüssel miteinander vermengen.

Himbeeressig, Pernod, Dill, Salz und Pfeffer miteinander verrühren. Das Haselnussöl unter ständigem Rühren nach und nach einlaufen lassen.

Den Spargelsalat mit der Sauce übergießen und 10 Minuten marinieren lassen.

Kartoffel-Roquefort-Salat

auf Brunnenkresse

Die Kartoffeln waschen, in wenig Salzwasser gar kochen, noch warm pellen und in Scheiben schneiden.

In einer Schüssel Käse, Portwein, Essig und Eigelb mit dem Pürierstab des Handrührers cremig rühren. Mit den Quirlen des Handrührers weiterarbeiten: Das Öl nach und nach unter Rühren einlaufen lassen.

Die Sauce mit Salz, Pfeffer und Schnittlauch würzen und über die Kartoffelscheiben verteilen.

Die Brunnenkresse waschen, putzen, die Blätter von den Stängeln zupfen und auf vier Tellern anrichten. Den Kartoffel-Roquefort-Salat darauf geben.

Tipp
Falls Sie keine Brunnenkresse bekommen, können Sie auch jeden anderen grünen Salat der Saison verwenden.

Für 4 Portionen

4 mittelgroße fest kochende Kartoffeln
Salz
6 EL weicher Roquefort oder anderer Blauschimmelkäse
2 EL Portwein
2 EL Apfelessig
1 Eigelb
6 EL Olivenöl
Pfeffer aus der Mühle
2 EL gehackter frischer Schnittlauch
2 Bund Brunnenkresse

Zubereitungszeit: *30 Minuten*

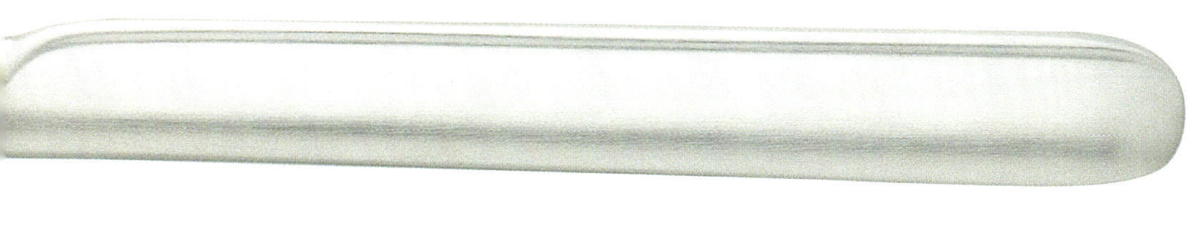

Salatkomposition

mit Avocado, Friséesalat und Kirschtomaten

Für 4 Portionen

16 Kirschtomaten
(Cocktailtomaten)
1 Friséesalat
2 Avocados
2 EL Zitronensaft
12 Blätter Basilikum
Für die Sauce:
8 EL Weißweinessig
Salz, Pfeffer aus der Mühle
6 EL Nussöl

Zubereitungszeit: *15 Minuten*

Die Kirschtomaten mit kochendem Wasser überbrühen und die Haut abziehen. Den Friséesalat waschen und trocknen. Die Salatblätter auf vier Teller jeweils wie ein Nest legen.

Die Avocados halbieren, schälen und das Fruchtfleisch mit Zitronensaft beträufeln, damit es nicht braun wird. Das Basilikum waschen und trockenschwenken.

Das Fruchtfleisch der Avocados längs in Spalten schneiden und wie Fächer auf den Salat legen. Mit Tomaten und Basilikum dekorieren.

Den Essig mit Salz und Pfeffer verrühren und das Öl nach und nach unter Rühren einlaufen lassen. Die Sauce über den Salat gießen.

Geräucherte Entenbrust

in Zitronen-Honig-Vinaigrette auf Feldsalat

Für 4 Portionen

Für die Vinaigrette:
4 EL Zitronensaft
2 EL Honig
8 EL Haselnussöl
1 EL gehackter frischer Dill
Salz, Pfeffer aus der Mühle
Für den Salat:
1 Mango
1 geräucherte Entenbrust
4 Hand voll Feldsalat

Zubereitungszeit: *15 Minuten*

Für die Vinaigrette Zitronensaft und Honig verrühren. Haselnussöl und Dill unterrühren, salzen und pfeffern.

Die Mango waschen, schälen und das Fruchtfleisch in dünnen Scheiben vom Stein schneiden.

Die Entenbrust schräg in dünne Scheiben schneiden.

Den Feldsalat waschen, trockenschwenken und jeweils in die Mitte der Teller legen. Einen Teil der Vinaigrette darüber geben.

Abwechselnd jeweils eine Scheibe Mango und eine Scheibe Entenbrust so auf dem Feldsalat anrichten, so dass dieser in der Mitte zu sehen ist. Mit der restlichen Vinaigrette beträufeln.

Tipp
Die Mango kann durch Apfel-, Birnen- oder Orangenspalten ersetzt werden.

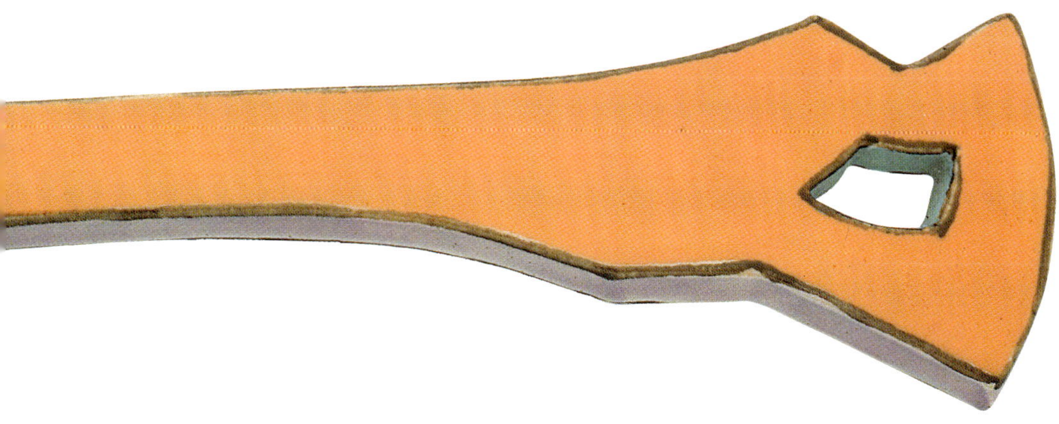

Lachsforellenfilet

gebeizt

Für 4 Portionen

2 Lachsforellenfilets
Für die Marinade:
2 EL Wacholderbeeren
2 EL schwarze Pfefferkörner
2 EL Senfkörner
1 EL frische Thymianblättchen
2 EL Salz
1 EL Zucker
1 EL Pernod (französische Anis-Spirituose)
6 EL Haselnussöl

Zubereitungszeit: *20 Minuten*
Marinierzeit: *24 Stunden*

Eingelegt in eine kräftig würzige Beize wird das Lachsforellenfilet angenehm zart und geschmacksintensiv.

Die Lachsforellenfilets unter fließendem kaltem Wasser abspülen, trockentupfen und mit der Hautseite nach unten in eine tiefe Schale legen.

Wacholderbeeren, Pfeffer, Senfkörner, Thymian, Salz, Zucker und Pernod im Mixer fein zermahlen. Nach und nach das Haselnussöl unterrühren.

Die Lachsforellenfilets mit der Gewürzmischung gleichmäßig bestreichen. Mit Frischhaltefolie zudecken und 24 Stunden im Kühlschrank beizen lassen.

Die gebeizten Lachsforellenfilets kalt abwaschen, trockentupfen und mit einem scharfen Messer schräg in dünne Scheiben schneiden.

Tipp
Diese Lachsforellenscheiben auf einem kleinen Salat der Saison mit einer Dillvinaigrette anrichten.

Info
Lassen Sie sich die Lachsforelle bereits von Ihrem Fischhändler filetieren und entgräten.

Tatar von Wildlachs

mit Meeresalgen

Den Wildlachs unter fließendem kaltem Wasser abspülen, trockentupfen und klein hacken. Das Wildlachstatar mit Schalotten, Petersilie, Algen und Ingwer vermischen.

Weißweinessig, Olivenöl und Sojasauce im Mixer kurz aufmixen. Mit Salz und Pfeffer würzen.

Die Sauce auf das Lachstatar geben und dieses kurz marinieren lassen.

Tipp
Das Tatar von Wildlachs servieren Sie am besten auf Friséesalat mit knusprigem Baguette. Bitte nur absolut frischen (und auch keinen tiefgefrorenen) Lachs verwenden!

Für 4 Portionen

400 g Wildlachsfilet
2 EL gehackte Schalotten
1 EL gehackte frische Petersilie
2 Hand voll Algen (Passe Pierre aus Chile oder Frankreich)
1 EL gehackter frischer Ingwer
Für die Sauce:
6 EL Weißweinessig
3 EL Olivenöl
1 EL Sojasauce
Salz, Pfeffer aus der Mühle

Zubereitungszeit: *20 Minuten*

Fast ein Gemälde! Auch optisch verbinden sich Lachs und Algen zu einem wahren Meisterwerk.

Jakobsmuscheln

als Carpaccio auf Rucola mit Pfeffer

Für 4 Portionen

4 Bund Rucola
8 frische Jakobsmuscheln
Salz, Pfeffer aus der Mühle
Für die Salatsauce:
6 EL Himbeeressig
1 EL gehackter frischer Kerbel
3 EL Haselnussöl
1 EL getrocknete rosa Pfefferkörner

Zubereitungszeit: *15 Minuten*

Die Rucola waschen, trocknen und auf Teller verteilen.

Die Jakobsmuscheln unter fließendem kaltem Wasser abbürsten. Ein spitzes Messer zwischen die Schalen schieben und den Schließmuskel an der flachen Seite der Schale durchschneiden. Die flache Schale abheben und das Muschelfleisch auslösen. Den rötlichen Rogen (Corail) aufbewahren. Das Jakobsmuschelfleisch in dünne Scheiben (Carpaccio) schneiden und auf den Salat legen. Mit Salz und Pfeffer würzen.

Für die Salatsauce Himbeeressig mit Kerbel verrühren. Das Haselnussöl unter Rühren nach und nach einlaufen lassen.

Die Sauce auf das Carpaccio geben. Mit rosa Pfefferkörnern und dem Rogen dekorieren.

Tipp
Die Jakobsmuscheln müssen absolut frisch sein!

Pochierte Jakobsmuscheln

in Eisbergsalat auf Safranvinaigrette

Die Salatblätter waschen, kurz in kochendes Wasser legen, herausnehmen, in kaltem Wasser abschrecken und auf Küchenkrepp abtropfen lassen.

Von den Jakobsmuscheln den Schließmuskel entfernen, den rötlichen Rogen (Corail) belassen. Mit Salz und Pfeffer würzen. Jede Muschel in ein Salatblatt wickeln.

Den Backofen auf 160 °C (Umluft 140 °C, Gas Stufe 1–2) vorheizen. In einer feuerfesten Pfanne die Butter zerlassen, den Wein angießen und die verpackten Jakobsmuscheln einlegen. Für etwa 10 Minuten im heißen Backofen garen.

Inzwischen für die Vinaigrette Safranessig, Noilly Prat, Salz, Pfeffer und Schnittlauch miteinander vermengen. Das Traubenkernöl nach und nach unter Rühren einlaufen lassen. Die Vinaigrette auf vier Teller verteilen.

Die eingewickelten Muscheln auf Küchenkrepp kurz abtropfen lassen und in die Mitte der Teller setzen.

Für 4 Portionen

8 Blätter Eisbergsalat
8 frische ausgelöste Jakobsmuscheln
Salz, Pfeffer aus der Mühle
2 EL Butter
10 EL trockener Weißwein

Für die Vinaigrette:

6 EL Safranessig
2 EL Noilly Prat (trockener Wermutwein)
Salz, Pfeffer aus der Mühle
2 EL gehackter frischer Schnittlauch
4 EL Traubenkernöl

Zubereitungszeit: *20 Minuten*

Gefüllte Tomaten

mit Garnelen in Mascarpone-Vinaigrette

Für 4 Portionen

4 reife Fleischtomaten
8 EL Garnelen (Nordseekrabben)

Für die Vinaigrette:
2 EL Mascarpone
4 EL Tomatensaft
3 EL Estragonessig
4 EL Distelöl
1 EL gehackter frischer Estragon
Salz, Pfeffer aus der Mühle

Zubereitungszeit: *20 Minuten*

Die Tomaten waschen. Von jeder Tomate oben einen Deckel abschneiden. Den Stielansatz kreisförmig aus dem Deckel schneiden. Die Samen mit einem Löffel aus der Tomate herauskratzen.

Für die Vinaigrette Mascarpone und Tomatensaft im Mixer verrühren. Estragonessig und Distelöl zufügen und erneut kurz aufmixen. Die Mischung in ein anderes Gefäß umfüllen, den Estragon einrühren, salzen und pfeffern.

Die Garnelen nach Bedarf von Schale und Darm befreien und mit der Vinaigrette vermengen. Die Mischung in die Tomaten füllen und die Deckel aufsetzen.

Tipp
Lassen Sie sich etwas zur Dekoration auf dem Teller einfallen! Setzen Sie zum Beispiel die rote Tomate auf ein grünes Salatbett oder auf Kräuterzweiglein – das Auge isst immer mit!

Eine Tomate mit delikatem Inhalt: Garnelen in cremiger Mascarpone, verfeinert mit der herben Frische von Estragon.

Kartoffelgalette

karamellisiert, mit Garnelen

Für 4 Portionen

Für die Garnelen:
12 Garnelen
Salz, Pfeffer aus der Mühle
8 EL trockener Weißwein
4 EL Pernod (französische Anis-Spirituose)
1 EL gehackter Knoblauch
2 EL gehackte frische Petersilie
2 EL Butter

Für die Galette:
4 mittelgroße Kartoffeln
4 EL Butter
4 EL Zucker
Salz, Pfeffer aus der Mühle
2 EL gehackter frischer Thymian

Zubereitungszeit: *30 Minuten*

Garnelen von der Schale befreien und den Darm entfernen. Mit Salz und Pfeffer würzen. Weißwein, Pernod, Knoblauch und Petersilie vermischen, die Garnelen darin marinieren.

Die Kartoffeln waschen, schälen und in etwa 2 Millimeter dünne Scheiben schneiden. Den Backofen auf 160 °C (Umluft 140 °C, Gas Stufe 1–2) vorheizen.

In einer feuerfesten Pfanne die Butter erhitzen und den Zucker darin unter ständigem Rühren auflösen, bis sich ein hellbrauner Karamell gebildet hat. Die Kartoffeln als Rosette in die Pfanne legen, so dass die Scheiben gerade übereinander lappen. Salzen, pfeffern und mit Thymian bestreuen. Die Kartoffelpfanne 20 Minuten backen.

Die Garnelen aus der Marinade nehmen. Die Butter erhitzen und die Garnelen darin etwa 5 Minuten braten. Die Marinade zufügen und kurz einkochen lassen. Die Garnelenmischung auf die Kartoffeln geben und in der Pfanne sofort servieren.

Brokkoliflan

mit Portweinsauce

Brokkoli waschen, die Röschen vom Strunk schneiden und alles grob zerteilen. In Salzwasser in etwa 10 Minuten gar kochen. Mit eiskaltem Wasser abschrecken. Brokkoli, Eier und Cognac im Mixer fein pürieren, dabei die Sahne nach und nach zugießen. Salzen und pfeffern.

Den Backofen auf 180 °C (Umluft 160 °C, Gas Stufe 2–3) vorheizen. Vier feuerfeste Förmchen (etwa in der Größe einer Kaffeetasse) mit Butter einfetten.

Die Förmchen zu je zwei Drittel mit der Brokkolimasse füllen und in ein Wasserbad stellen – z.B. in eine Bratform, deren Wasserspiegel bis mindestens zur halben Höhe der Förmchen reicht – und im Backofen 10 Minuten garen.

Inzwischen für die Sauce die Schalotten in der Hälfte der Butter glasig braten. Den Portwein einrühren und leicht kochen lassen. Die Sahne zufügen und unter Rühren reduzieren, bis die Sauce sämig ist. Von der Kochstelle nehmen und die restliche kalte Butter mit einem Schneebesen unterschlagen. Mit Salz und Pfeffer würzen.

Die Brokkoliflans auf vorgewärmte Teller stürzen und die Sauce in großem Kreis darum herum dekorieren.

Für 4 Portionen

Für den Flan:
2 Brokkoliköpfe
Salz
2 Eier
1 EL Cognac
10 EL Sahne
Pfeffer aus der Mühle

Für die Sauce:
1 EL Butter
1 EL gehackte Schalotten
4 EL Portwein
10 EL Sahne
Salz, Pfeffer aus der Mühle

Außerdem:
1 TL Butter für die Förmchen

Zubereitungszeit: *40 Minuten*

Sellerie-Kartoffel-Suppe

mit Rotwein

Für 4 Portionen

40 EL Rotwein (400 ml)
1 kleine Sellerieknolle
3 mittelgroße Kartoffeln
Salz
20 EL Sahne (200 g)
Pfeffer aus der Mühle
Zum Dekorieren:
2 EL Schnittlauchröllchen

Zubereitungszeit: *45 Minuten*

Kartoffeln können in dieser Suppe ihr zartes Aroma voll zur Geltung bringen. Am besten eignen sich hierfür mehlig kochende Sorten.

Den Rotwein in einem Topf bei mittlerer Hitze auf etwa ein Viertel der ursprünglichen Menge einkochen lassen. Zur Seite stellen.

Sellerie und Kartoffeln waschen, schälen und in kleine Stücke schneiden. Das Gemüse in einem Topf mit Salzwasser bedecken, aufkochen und in etwa 20 Minuten garen. In ein Sieb abgießen, dabei einen Teil der Kochflüssigkeit auffangen.

Sellerie- und Kartoffelstücke im Mixer mit wenig Kochflüssigkeit fein pürieren. Die Rotweinreduktion und die Sahne unterrühren. Mit Salz und Pfeffer würzen.

Die Suppe in einen Topf umfüllen und bei mittlerer Hitze kurz erwärmen. In eine Suppenterrine geben und mit dem Schnittlauch bestreuen.

Tipp
Wenn die Suppe etwas gehaltvoller sein soll, geben Sie einige in Butter gebratene Croûtons darüber.

Kartoffel-Koriander-Suppe

cremig püriert

Die Kartoffeln waschen, schälen und in Würfel schneiden.

Die Butter in einem Topf erhitzen und Schalotten und Knoblauch darin anbraten. Die Kartoffelwürfel zufügen und kurz mitbraten. Den Fond angießen und die Kartoffeln bei mittlerer Hitze in etwa 15 Minuten gar kochen.

Die Kartoffeln aus dem Fond nehmen und mit etwas Fond im Mixer pürieren. Das Püree in den Topf zurückfüllen.

Den Zuckerrübensirup und den Sauerrahm einrühren und alles bei schwacher Hitze sanft erhitzen. Mit Salz und Pfeffer würzen und mit Koriander bestreuen.

Für 4 Portionen

4 große Kartoffeln
3 EL Butter
4 EL gehackte Schalotten
1 TL gehackter Knoblauch
30 EL Hühnerfond (1/2 l)
1 EL Zuckerrübensirup
10 EL Sauerrahm
Salz, Pfeffer aus der Mühle
Zum Dekorieren:
4 EL gehackter frischer Koriander

Zubereitungszeit: *40 Minuten*

Durch den Koriander erhält diese Suppe einen Hauch von asiatischer Exotik.

Maronensuppe

fein abgeschmeckt

Für 4 Portionen

2 EL Butter
1 TL Zucker
1 Paket vakuumverpackte Maronen (etwa 200 g)
50 EL Hühner- oder Gemüsebrühe (1/2 l)
4 EL Portwein
1 EL Cognac
Salz, Pfeffer aus der Mühle
10 EL Sahne

Zubereitungszeit: *30 Minuten*

Die Butter bei schwacher Hitze schmelzen und den Zucker darin unter ständigem Rühren karamellisieren.

Maronen zufügen und unter Rühren etwa 4 Minuten garen.

Brühe, Portwein und Cognac einrühren. Die Suppe 20 Minuten leicht kochen lassen. Mit Salz und Pfeffer würzen.

Die Suppe mit dem Pürierstab des Handrührers pürieren und durch ein Sieb in einen zweiten Topf passieren.

Die Sahne unterrühren und die Suppe nochmals kurz erhitzen. Sofort servieren.

Die Maronensuppe passt besonders gut vor Geflügelgerichten. Ein Geheimtipp aus Paul Bocuses Meisterküche: Ein Genuss mit frisch gerösteten Steinpilzen.

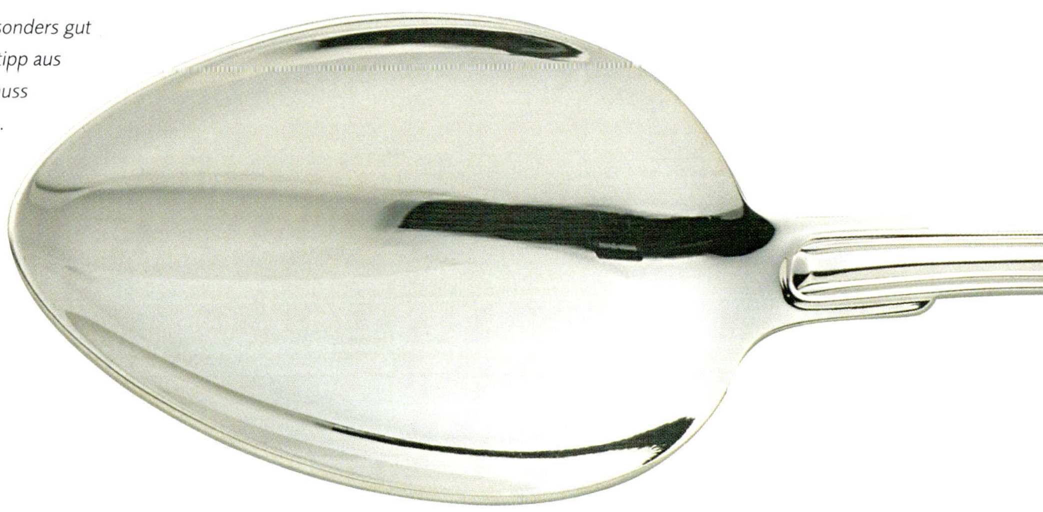

Kürbiscremesuppe

mit Nordseekrabben

Für 6 Portionen

1 Kürbis mit farbintensivem Fruchtfleisch (etwa 600 g Fruchtfleisch ohne Schale)
4 EL Butter
8 EL gewürfelter Porree
75 EL Hühnerbrühe (3/4 l)
Salz, Pfeffer aus der Mühle
25 EL Sahne (1/4 l)
8 EL Nordseekrabben
Zum Dekorieren:
6 EL Kürbiskernöl

Zubereitungszeit: *50 Minuten*

Den Kürbis halbieren, die Samen herauskratzen und das Fruchtfleisch in Würfel schneiden.

Die Hälfte der Butter in einem großen Topf zerlassen und den Porree etwa 4 Minuten unter ständigem Rühren darin andünsten. Die Kürbiswürfel und die Brühe einrühren. Mit Salz und Pfeffer würzen und alles etwa 30 Minuten leicht kochen lassen, bis das Kürbisfleisch weich ist.

Den Topfinhalt im Mixer fein pürieren. Die Suppe zurück in den Topf füllen, die restliche Butter und die Sahne zugeben und alles nochmals sanft erhitzen, damit die Suppe eine geschmeidige Konsistenz erhält.

Die Nordseekrabben nach Bedarf von Schale und Darm befreien. In sechs vorgewärmte Teller legen und die Suppe darüber gießen. Über jeden Teller 1 Esslöffel Kürbiskernöl träufeln.

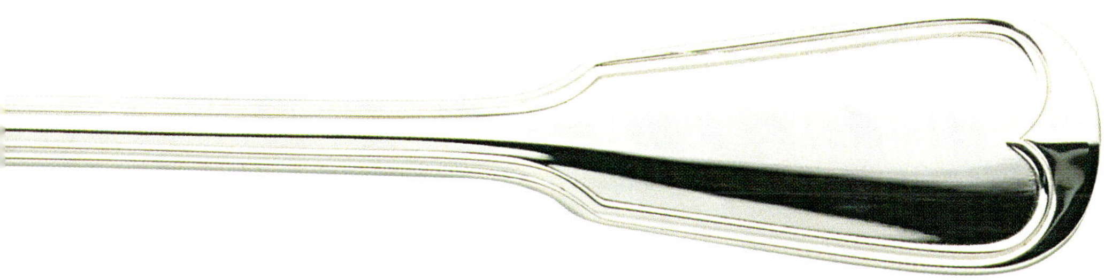

Crevettensuppe

mit Austernpilzen und Pernod

Für 4 Portionen

12 Austernpilze
8 EL norwegische Crevetten
2 EL Butter
2 EL Pernod (französische Anis-Spirituose)
8 EL Weißwein
16 EL Fischfond
20 EL Sahne (200 g)
Salz, Pfeffer aus der Mühle
Zum Dekorieren:
2 EL gehackter frischer Kerbel

Zubereitungszeit: *20 Minuten*

Der gleiche Wein, der bei der Zubereitung dieser exquisiten Suppe verwendet wird, kann auch als Tischwein gereicht werden.

Die Austernpilze putzen und grob zerteilen. Die Crevetten nach Bedarf von Schale und Darm befreien.

Die Butter in einer Pfanne erhitzen, die Crevetten darin kurz schwenken, wieder herausnehmen und warm halten. Die Austernpilze in die Pfanne geben, etwa 2 Minuten anbraten, ebenfalls herausnehmen und warm halten.

Butter abgießen und den Bratsatz mit Pernod ablöschen. Weißwein, Fischfond und Sahne einrühren und alles bei schwacher Hitze etwa 10 Minuten leicht kochen lassen.

Die Crevetten und die Austernpilze in die Suppe legen und alles mit Salz und Pfeffer würzen.

Die Suppe in eine Suppenterrine füllen. Mit dem Kerbel bestreuen und sofort servieren.

Muschelsuppe

mit Safran

Die Butter in einem Topf erhitzen und die Schalotten darin anbraten. Knoblauch und Gemüse zufügen und alles bei mittlerer Hitze 4 Minuten leicht kochen lassen.

Den Fischfond und den Weißwein angießen und weitere 4 Minuten leicht kochen lassen.

Die Muscheln, den Safran und die Sahne untermischen und die Suppe bei mittlerer Hitze in etwa 10 Minuten leicht kochen lassen, bis sie eine sämige Konsistenz hat.

Die Suppe mit Salz und Pfeffer würzen und mit der Petersilie bestreut servieren.

Für 4 Portionen

2 EL Butter
2 EL gehackte Schalotten
1 TL gehackter Knoblauch
4 EL klein gewürfelte Möhren
4 EL klein gewürfelter Porree
4 EL klein gewürfelter Sellerie
20 EL Fischfond (200 ml)
10 EL Weißwein
16 EL Muschelfleisch
1 TL Safranpulver
20 EL Sahne (200 g)
Salz, Pfeffer aus der Mühle
Zum Dekorieren:
2 EL gehackte frische Petersilie

Zubereitungszeit: *40 Minuten*

Ihr leuchtendes Gelb erhält die Muschelsuppe durch den Safran.

Suppe von Tamarillos

mit Lachsröschen

Für 4 Portionen

Für die Suppe:
8 reife Tamarillos (Baumtomaten)
2 Kartoffeln
1 EL Butter
2 EL gehackte Schalotten
1 TL gehackter Knoblauch
1 EL gehackter frischer Thymian
1 EL gehackter frischer Rosmarin
20 EL Gemüsebrühe (200 ml)
10 EL Tomatensaft
10 EL Sahne
Salz, Pfeffer aus der Mühle
1 TL Zucker
Außerdem:
4 Scheiben geräucherter Lachs

Zubereitungszeit: *45 Minuten*

Die Tamarillos waschen, die Stielansätze entfernen und die Früchte würfeln. Die Kartoffeln waschen, schälen und in Würfel schneiden.

Die Butter in einem Topf erhitzen und Schalotten und Knoblauch darin 3 Minuten anbraten. Tamarillo- und Kartoffelwürfel, Thymian und Rosmarin zufügen. Gemüsebrühe, Tomatensaft und Sahne unterrühren und alles 20 Minuten leicht kochen lassen. Mit Salz, Pfeffer und Zucker würzen.

Die Suppe im Mixer pürieren, durch ein Sieb passieren und nochmals ein paar Minuten leicht erwärmen.

Jede Scheibe Lachs zu einer Rose aufrollen. Die Suppe in tiefe Teller füllen, die Lachsröschen in die Mitte geben.

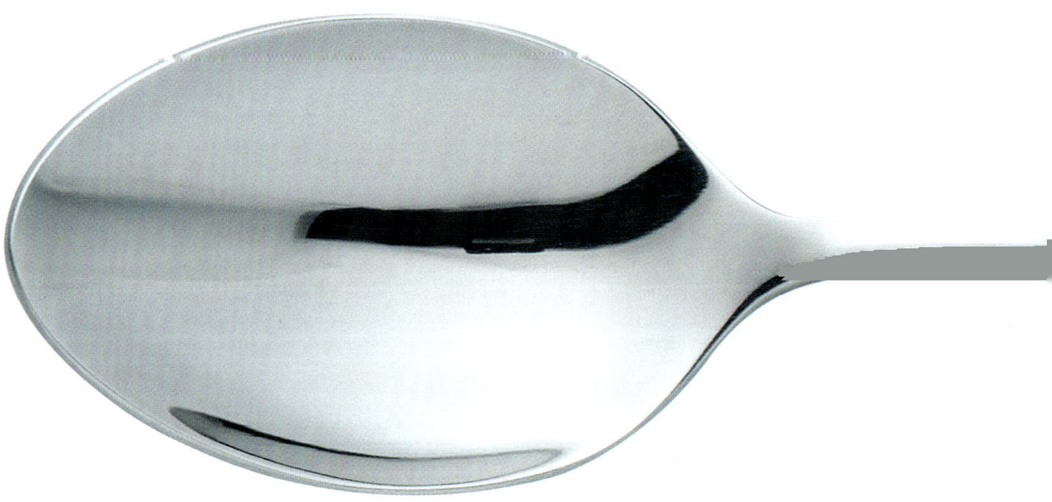

Steinpilzsuppe

cremig gerührt

Die Steinpilze putzen und in Stücke schneiden.

Die Butter in einem Topf erhitzen und Schalotten und Knoblauch darin kurz anbraten. Die Steinpilze zufügen und etwa 5 Minuten mitdünsten.

Die Gemüsebrühe und die Sahne einrühren und alles bei schwacher Hitze 10 Minuten leise kochen lassen.

Die Suppe im Mixer oder mit dem Pürierstab pürieren. Mit Salz und Pfeffer würzen und mit Petersilie dekorieren.

Für 4 Portionen

4 große Steinpilze
2 EL Butter
2 EL gehackte Schalotten
1 EL gehackter Knoblauch
20 EL Gemüsebrühe (200 ml)
20 EL Sahne (200 g)
Salz, Pfeffer aus der Mühle
Zum Dekorieren:
2 EL gehackte frische Petersilie

Zubereitungszeit: *20 Minuten*

Zucchiniterrine

auf Rucolasalat

Für 4 Portionen

Für die Terrine:
4 Zucchini
2 EL Butter
2 EL gehackte Schalotten
Salz, Pfeffer aus der Mühle
1 EL gehackter Knoblauch
3 Eier
12 EL Sahne
2 EL gehackter frischer Schnittlauch
1 TL Muskatnuss

Für den Salat:
4 Bund Rucola
2 EL gewürfeltes Tomatenfruchtfleisch
2 EL Balsamico-Essig
Salz, Pfeffer aus der Mühle
3 EL Olivenöl

Zubereitungszeit: *2 Stunden*

Zucchini waschen, putzen und in kleine Würfel schneiden. Die Butter erhitzen und die Schalotten darin hell anbraten. Die Zucchini kurz mitdünsten. Mit Salz, Pfeffer und Knoblauch würzen. Die Mischung in einem Sieb abtropfen lassen, damit nicht zu viel Fett in die Terrine kommt.

Die Eier mit den Quirlen des Handrührers schlagen. Die Sahne und den Schnittlauch zugeben. Mit Salz, Pfeffer und Muskatnuss würzen. Alles zu einer glatten Masse verrühren. Die Zucchini-Schalotten-Mischung unter die Eiermasse heben.

Den Backofen auf 180 °C (Umluft 160 °C, Gas Stufe 2–3) vorheizen. Eine Terrinen-Form oder eine kleine Kuchen-Kastenform so mit Frischhaltefolie auskleiden, dass die Masse später damit zugedeckt werden kann.

Die Form zu zwei Drittel ihrer Höhe mit der Zucchinimasse füllen und in ein Wasserbad stellen. Die Folie über die Masse schlagen und diese im Ofen etwa 30 Minuten garen. Die Terrine in der Form etwa 30 Minuten abkühlen lassen. Aus der Form stürzen und in Scheiben schneiden.

Inzwischen die Rucola waschen und putzen. Für die Sauce Tomatenwürfel, Essig, Salz und Pfeffer vermengen und das Öl nach und nach unter Rühren einlaufen lassen.

Salat auf Tellern anrichten und die Sauce darüber geben. Jeweils 1 bis 2 Scheiben Terrine in der Mitte auflegen.

Tipp
Falls Sie keine Frischhaltefolie verwenden möchten, können Sie die Form auch ausbuttern. Die gegarte Terrine können Sie 2 bis 3 Tage im Kühlschrank aufbewahren.

Kaninchenleber-Soufflé

in Balsamico-Sauce

Kaninchenleber, Portwein und Eier im Mixer pürieren, dabei nach und nach die Sahne einrühren. Salzen, pfeffern.

Den Backofen auf 160 °C (Umluft 140 °C, Gas Stufe 1–2) vorheizen. Vier Souffléförmchen (etwa Kaffeetassen-Größe) mit etwas Butter einfetten.

Die Förmchen zu zwei Drittel ihrer Höhe mit der Lebermasse füllen, in ein Wasserbad stellen und im Backofen etwa 20 Minuten garen. In dieser Zeit die Backofentür nicht öffnen, die zarten Gebilde würden sonst zusammenfallen.

Für die Sauce Rotwein und Balsamico-Essig aufkochen und auf die Hälfte reduzieren. Zuckerrübenkraut einrühren und alles leicht kochen lassen, bis die Sauce sämig ist. Von der Kochstelle nehmen und die restliche Butter mit einem Schneebesen in die Sauce schlagen. Salzen und pfeffern.

Die Soufflés vorsichtig mit einem spitzen Messer vom Rand lösen und auf vorgewärmte Teller stürzen. Mit der Sauce überziehen und mit der Petersilie dekorieren.

Tipp
Das Soufflé lässt sich gut 1 Tag aufbewahren und kann am nächsten Tag kalt z.B. auf einem Salat angerichtet werden.

Für 4 Portionen

2 frische Kaninchenlebern
2 EL Portwein
2 Eier
8 EL Sahne
Salz, Pfeffer aus der Mühle
Für die Sauce:
4 EL Rotwein
8 EL Balsamico-Essig
2 EL Zuckerrübenkraut
Außerdem:
2 EL Butter für die Form und die Sauce
4 Zweige glatte Petersilie zum Dekorieren

Zubereitungszeit: *45 Minuten*

Safrannudeln

hausgemacht, mit Garnelen

Für 4 Portionen

Für die Nudeln:
20 gestrichene EL Weizenmehl (200 g)
1/2 TL Safranpulver
3 EL Wasser
2 Eigelbe
1 EL Olivenöl
Salz
1 EL Butter zum Anbraten
Für die Garnelen:
8 Garnelen
1 EL Butter
1 EL gehackte Schalotten
1 TL gehackter Knoblauch
2 EL gewürfeltes Tomatenfruchtfleisch
1 EL gehackte frische Petersilie
3 EL Pernod (französische Anis-Spirituose)
8 EL Weißwein
Salz, Pfeffer aus der Mühle

Zubereitungszeit:
1 Stunde 30 Minuten

Für den Nudelteig das Mehl auf eine Arbeitsfläche sieben und in die Mitte eine Mulde drücken. Safranpulver, Wasser, Eigelbe, Öl und Salz in die Mitte geben und alles von der Mitte her zu einem elastischen Teig verarbeiten. Zur Kugel formen und abgedeckt 1 Stunde ruhen lassen.

Den Teig portionsweise durch eine Nudelmaschine bis zur gewünschten Stärke walzen, leicht antrocknen lassen und über die Schneidewalze in dünne Nudeln schneiden. Oder die Nudeln von Hand herstellen. Dafür den Teig in etwa sechs Portionen aufteilen und jede Portion mit einem Nudelholz auf bemehlter Arbeitsfläche möglichst dünn ausrollen und in schmale Streifen schneiden. Auf ein sauberes Küchentuch legen, antrocknen lassen.

Die Nudeln in kochendem Salzwasser in etwa 3 Minuten bissfest garen. In einem Sieb abgießen, kalt abschrecken.

Die Garnelen schälen und jeweils den schwarzen Darm entfernen. In einer Pfanne die Butter erhitzen und die Garnelen darin auf jeder Seite 3 Minuten anbraten. Aus der Pfanne herausnehmen und warm halten.

In dem verbliebenen Fett Schalotten und Knoblauch etwa 3 Minuten anbraten. Tomaten und Petersilie untermischen. Pernod und Weißwein unterrühren, mit Salz und Pfeffer würzen und die Sauce ein wenig einkochen lassen.

Die restliche Butter in einer zweiten Pfanne erhitzen und die Nudeln darin wieder erwärmen. Auf vorgewärmte Teller verteilen und die Garnelen mit der Sauce darauf geben.

Ein Spiel von Farben und Aromen: gelbe Bandnudeln, zartes Garnelenfleisch, Tomaten und die Exotik von Pernod.

Fisch aus dem Meer

Wer schon einmal in den Genuss von frischem Fisch direkt vom Kutter gekommen ist, wird das zarte Aroma nie mehr vergessen. Bei kaum einem anderen Lebensmittel schmeckt man die Frische so deutlich wie bei Fisch. Und wer in gut sortierten Fachgeschäften ähnlich frische Ware erhält, kann, mit wenigen Zutaten und einfach zubereitet, Köstlichkeiten wie Rotbarbe auf Basilikum-Joghurt-Sauce, Seeteufel-Madaillons in Cognacsauce, Schollenfilets auf Kerbelcremesauce oder Steinbutt mit Cidresauce genießen.

Dorade auf Tomatenbett

mit frischen Kräutern

Für 4 Portionen

4 küchenfertige Doraden
4 Zweige frischer Rosmarin
4 Zweige frischer Thymian
Salz, Pfeffer aus der Mühle
4 Tomaten
12 EL Olivenöl
4 EL gehackter frischer Estragon
4 EL gehackte frische Petersilie
4 EL gehacktes frisches Basilikum
4 EL Kapern
4 EL gehackte schwarze Oliven
2 unbehandelte Zitronen
4 EL Pernod (französische Anis-Spirituose)
10 EL Weißwein

***Zubereitungszeit:** 40 Minuten*

Die Fische unter fließendem kaltem Wasser abspülen und trockentupfen. Je 1 Rosmarin- und Thymianzweig in die Bauchhöhlen legen. Die Fische salzen und pfeffern.

Den Backofen auf 180 °C (Umluft 160 °C, Gas Stufe 2–3) vorheizen. Die Tomaten waschen, die Stielansätze entfernen und das Fruchtfleisch in Scheiben schneiden. Das Öl in einer Saftpfanne im Backofen erhitzen. Die Tomaten einlegen, salzen und pfeffern. Mit der Hälfte der Kräuter bestreuen.

Die vorbereiteten Fische auf das Tomaten-Kräuter-Bett legen. Kapern, Oliven und restliche Kräuter auf die Doraden geben. Die Zitronen waschen, in Scheiben schneiden und um das Tomaten-Kräuter-Bett legen.

Die Doraden 20 Minuten im Backofen garen, Pernod und Weißwein angießen und die Fische in weiteren 10 Minuten fertig garen. Die Doraden in der Pfanne servieren.

Rotbarbe

auf Basilikum-Joghurt-Sauce

Für 4 Portionen

4 küchenfertige Rotbarben
4 Zweige Rosmarin
Salz, Pfeffer aus der Mühle
4 EL Olivenöl
Für die Sauce:
4 EL Butter
2 EL Weißwein
1 Bund Basilikum
2 Eigelbe
6 EL Joghurt
Salz, Pfeffer aus der Mühle

Zubereitungszeit: *35 Minuten*

Die Fische unter fließendem kaltem Wasser abspülen und trockentupfen. Jeweils 1 Rosmarinzweig in die Bauchhöhlen legen und die Fische mit Salz und Pfeffer würzen.

Den Backofen auf 160 °C (Umluft 140 °C, Gas Stufe 1–2) vorheizen. Das Olivenöl in einer feuerfesten Pfanne erhitzen. Die Rotbarben darin kurz von beiden Seiten anbraten. Die Fische mitsamt der Pfanne in den Backofen stellen und in 15 Minuten fertig garen.

Inzwischen für die Sauce die Butter in einem kleinen Topf zerlassen. Den Weißwein einrühren und kurz erwärmen. Von der Kochstelle nehmen und leicht abkühlen lassen. Das Basilikum waschen, trocknen und grob zerzupfen.

Die Eigelbe im Mixer kurz verrühren. Die nicht mehr heiße Butter nach und nach unter ständigem Rühren einlaufen lassen. Den Joghurt darunter mixen, mit Salz und Pfeffer würzen. Das Basilikum zufügen und kurz darunter mixen. Die Sauce durch ein Sieb in einen Topf passieren, warm stellen, aber nicht mehr kochen lassen.

Die Joghurtsauce auf vier vorgewärmte Teller als Spiegel geben und die etwas abgetropfen Rotbarben darauf legen.

Seeteufel-Medaillons

in Cognacsauce auf Zwiebelmousse

Für 4 Portionen

Für die Zwiebelmousse:
1 Kartoffel
1 EL Butter
8 EL gehackte Zwiebeln
20 EL Gemüsebrühe (200 ml)
Salz
1 Prise Muskatnuss
1 Eigelb
Für den Fisch:
8 Seeteufel-Medaillons à 80 g
Salz, Pfeffer aus der Mühle
4 EL Butter
4 ungeschälte Knoblauchzehen
2 EL Cognac
4 EL Weißwein
Zum Dekorieren:
1 EL gehackter frischer Estragon

Zubereitungszeit: *45 Minuten*

Das feine, feste Fleisch vom Seeteufel verträgt kräftige Aromen: Gegart wird der Fisch mit Knoblauch, dazu gibt es eine süßlich-scharfe Zwiebelmousse.

Für die Zwiebelmousse die Kartoffel waschen, schälen und klein würfeln. Die Butter in einem Topf zerlassen und Zwiebel- und Kartoffelwürfel darin glasig anbraten. Die Brühe einrühren und alles bei schwacher Hitze kochen lassen, bis die Kartoffeln gar sind. Mit Salz und Muskatnuss würzen. Den Topfinhalt im Mixer fein pürieren und zur Seite stellen.

Die Seeteufel-Medaillons unter fließendem kaltem Wasser kurz abspülen und trockentupfen. Salzen und pfeffern.

In einer Pfanne die Hälfte der Butter erhitzen und die Fischmedaillons zusammen mit den ganzen Knoblauchzehen etwa 2 Minuten pro Seite braten. Cognac und Weißwein unterrühren und leicht kochen lassen, bis die Flüssigkeit auf die Hälfte reduziert ist.

Den Fisch herausnehmen. Die restliche kalte Butter mit einem Schneebesen in die Sauce schlagen. Den Fisch wieder zugeben, damit er warm bleibt.

Um die Zwiebelmousse fertig zu stellen, die pürierte Masse bei schwacher Hitze unter Rühren erwärmen. Das Eigelb unterrühren, dabei jedoch darauf achten, dass die Masse nicht zu heiß wird, sonst gerinnt sie.

Die Mousse jeweils in die Mitte von vier Tellern geben. Den Seeteufel darauf setzen und die Sauce darüber verteilen. Mit Estragon bestreuen.

Seezungenfilets

in Sauerampfer-Marinade

Für 4 Portionen

8 Seezungenfilets
8 EL Zitronensaft
4 EL gehackter Sauerampfer
1 EL Olivenöl
Salz, Pfeffer aus der Mühle

Zubereitungszeit: *15 Minuten*
Marinierzeit: *2 Stunden*

Die Seezungenfilets kalt abspülen und trockentupfen. In eine flache Form legen, mit Zitronensaft beträufeln und den Sauerampfer darauf verteilen. Den Fisch 2 Stunden im Kühlschrank marinieren lassen. Die Filets herausnehmen und die Marinade abtropfen lassen.

Die Filets mit dem Olivenöl bestreichen und mit Salz und Pfeffer würzen. Jeweils 2 Minuten pro Seite unter dem vorgeheizten Grill garen. Falls Sie keinen Grill haben, können Sie die Filets auch in der Pfanne braten, jedoch eignet sich das Grillen besonders gut.

Info
Dieses Gericht ist eine leichte Delikatesse; am besten richten Sie die Seezungenfilets auf einem sommerlichen Salat an und geben die Marinade über den Fisch.

Eine ideale Vorspeise für heiße Sommertage sind die Seezungenfilets mit Sauerampfer.

Schollenfilet

auf Kerbelcremesauce

Für 4 Portionen

Für die Sauce:
6 EL Weißwein
12 EL Fischfond
1 EL gehackte Schalotten
12 EL Sahne
2 EL gehackter frischer Kerbel
Salz, Pfeffer aus der Mühle
Für den Fisch:
4 Schollenfilets à 160 g
Salz, Pfeffer aus der Mühle
2 EL Olivenöl
1 EL Butter

Zubereitungszeit: *30 Minuten*

Für die Sauce Weißwein, Fischfond und Schalotten zum Kochen bringen und die Flüssigkeit auf ein Viertel reduzieren. Die Sahne einrühren, den Kerbel einstreuen und die Sauce kurz aufkochen lassen. Die Sauce mit dem Pürierstab des Handrührers pürieren, salzen, pfeffern und warm halten.

Die Schollenfilets unter fließendem kaltem Wasser kurz abspülen und trockentupfen. Salzen und pfeffern.

Das Olivenöl und die Butter in einer Pfanne erhitzen und die Schollenfilets darin von jeder Seite 2 Minuten braten. Aus der Pfanne herausnehmen und auf Küchenpapier abtropfen lassen.

Die Kerbelsauce auf vier vorgewärmte Teller geben und die Schollenfilets darauf platzieren.

Tipp
Dazu passt Reis oder Salzkartoffeln.

Die intensive Geschmacksnote von Kerbel harmoniert wunderbar mit den zarten Aromen von Schollenfilets und Weißwein.

Steinbutt

in Cidresauce auf Porreegemüse

Für 4 Portionen

2 Stangen Porree
3 EL gehackte Schalotten
4 Steinbuttfilets à 160 g
20 EL Cidre (Apfelwein; 200 ml)
15 EL Sahne
Salz, Pfeffer aus der Mühle
2 EL Butter
Außerdem:
2 EL Butter für das Backblech

Zubereitungszeit: *35 Minuten*

Das Pflegen und Flicken der Netze gehört bis in die heutige Zeit hinein zu den täglichen Aufgaben der Fischer.

Den Backofen auf 190 °C (Umluft 170 °C, Gas Stufe 3) vorheizen. Ein Backblech mit der Butter einfetten.

Den Porree waschen, putzen, längs halbieren, in mittelgroße Stücke zerteilen und zusammen mit den Schalotten auf das Backblech legen.

Die Fischfilets unter fließendem kaltem Wasser kurz abspülen und trockentupfen. Auf das Porreebett legen.

Cidre und Sahne miteinander verrühren, salzen und pfeffern. Die Mischung über die Steinbuttfilets gießen.

Die Butter in kleinen Stücken auf den Fisch geben. Die Filets 20 Minuten im heißen Backofen garen und zwischendurch immer wieder mit der Sauce übergießen.

Schwertfischfilet

auf schwarzen Nudeln mit Tomatensauce

Den Fischfond aufkochen und auf die Hälfte reduzieren. Tomatenwürfel, -mark, -saft und Gin einrühren und alles bei schwacher Hitze 10 Minuten kochen lassen. Mit dem Pürierstab des Mixers pürieren und durch ein Sieb passieren. Mit Salz, Pfeffer und Zucker würzen. Warm halten.

Die Nudeln in Salzwasser in etwa 5 Minuten bissfest garen. Abgießen, die Butter zugeben und warm halten.

Die Fischfilets kalt abspülen und trockentupfen. Öl erhitzen und den Fisch darin etwa 3 Minuten pro Seite garen.

Die Tomatensauce auf vorgewärmte Teller als Spiegel geben, die Nudeln zum Nest gedreht darauf und den Fisch daneben setzen. Mit Basilikum dekorieren.

Für 4 Portionen

Für die Sauce:
10 EL Fischfond
8 EL gewürfelte Tomaten
2 EL Tomatenmark
12 EL Tomatensaft, 2 EL Gin
Salz, Pfeffer aus der Mühle
1 TL Zucker
Für die Nudeln:
200 g schwarze Nudeln, Salz
2 EL Butter
Für den Fisch:
4 Schwertfischfilets à 160 g
4 EL Olivenöl
Zum Dekorieren:
12 Blätter Basilikum

Zubereitungszeit: *35 Minuten*

Zartes Schwertfischfilet, schwarze Nudeln, aromatische Tomatensauce und leuchtendes Basilikum – ein kulinarisches Farbenspiel aus wenigen, aber ausgewählten Zutaten.

Dorschfilet

mit asiatischen Gewürzen in Alufolie

Für 4 Portionen

4 Dorschfilets à 160 g
2 EL Butter
Salz, Pfeffer aus der Mühle
2 EL gehackter frischer Ingwer
2 EL sehr fein gehackte Zitronenblätter
2 Stängel Zitronengras, in grobe Stücke zerteilt
4 EL gewürfeltes Tomatenfruchtfleisch
2 EL gehackter frischer Koriander
8 EL Sojasauce

Zubereitungszeit: *35 Minuten*

Den Backofen auf 180 °C (Umluft 160 °C, Gas Stufe 2–3) vorheizen.

Die Dorschfilets unter fließendem kaltem Wasser kurz abspülen und trockentupfen. Vier Stücke extrastarke Alufolie so zuschneiden, dass die Filets darin eingeschlagen werden können. Je 1 Fischfilet in die Mitte auflegen, mit Butter bestreichen, salzen und pfeffern.

Ingwer, Zitronenblätter, Zitronengras, Tomaten, Koriander und Sojasauce miteinander vermengen und die Mischung auf den Fischfilets verteilen.

Die Fischfilets so in die Alufolie verpacken, dass keine Flüssigkeit austreten kann. Die Pakete auf ein Backblech setzen und in den heißen Backofen schieben. Den Fisch in etwa 12 Minuten garen.

Je 1 Filet in der Alufolie auf einem vorgewärmten Teller servieren – jeder Gast kann nun sein Päckchen selbst öffnen und den köstlichen Duft genießen.

Petersfischfilet

in Currysauce

Für die Sauce 1 Esslöffel Butter erhitzen und die Schalotten darin glasig anbraten. Das Currypulver einrühren. Mit Noilly Prat und Fischfond aufgießen und die Flüssigkeit auf die Hälfte einkochen lassen.

Die Sahne einrühren und die Sauce einige Minuten leicht kochen lassen. Von der Kochstelle ziehen und die restliche kalte Butter mit einem Schneebesen in die Sauce schlagen. Mit Salz und Pfeffer würzen und warm halten.

Inzwischen die Filets unter fließendem kaltem Wasser kurz abspülen und trockentupfen. Salzen und pfeffern.

Das Olivenöl in einer Pfanne erhitzen und die Filets darin etwa 3 Minuten von jeder Seite braten.

Den Fisch aus der Pfanne heben und auf vier vorgewärmte Teller legen. Die Currysauce darüber geben. Mit Petersilie dekorieren.

Tipp
Als Beilage eignet sich sehr gut frischer, junger Spinat, der nur kurz in gesalzener Butter geschwenkt wird.

Für 4 Portionen

Für die Sauce:
3 EL Butter
1 EL gehackte Schalotten
1 TL Currypulver
10 EL Noilly Prat
(trockener Wermutwein)
10 EL Fischfond
10 EL Sahne
Salz, Pfeffer aus der Mühle
Für den Fisch:
4 Petersfischfilets à 160 g
Salz, Pfeffer aus der Mühle
3 EL Olivenöl
Zum Dekorieren:
4 Zweige glatte Petersilie

Zubereitungszeit: *30 Minuten*

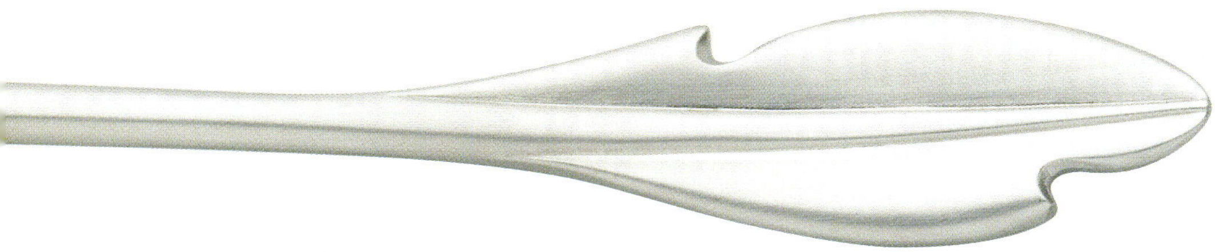

Kabeljaufilet

auf Gemüsejulienne in Sojasauce

Für 4 Portionen

Für die Sauce:
1 EL Zucker
1 EL Butter
10 EL Sojasauce
4 EL Tomatenketchup
1 TL gehackter frischer Rosmarin
Pfeffer aus der Mühle

Für Fisch und Gemüse:
2 Möhren
1 Stange Porree
1 Zucchino
1 EL Butter
20 EL Fischfond (200 ml)
20 EL Weißwein (200 ml)
4 Kabeljaufilets à 180 g
Salz, Pfeffer aus der Mühle

Zubereitungszeit: *30 Minuten*

Je schneller der Fisch aus dem Wasser auf unsere Teller kommt, desto herrlicher entfaltet er sein wunderbares Aroma.

Den Backofen auf 180 °C (Umluft 160 °C, Gas Stufe 2–3) vorheizen.

Für die Sauce den Zucker in der Butter bei schwacher Hitze unter Rühren leicht zum Karamellisieren bringen. Sojasauce und Ketchup einrühren, den Rosmarin einlegen und leicht pfeffern. Kein Salz verwenden, die Sojasauce ist salzig genug. Die Sauce 8 Minuten leicht kochen lassen. Von der Kochstelle ziehen und warm halten.

Das Gemüse waschen, putzen und in feine Streifen (Julienne) schneiden. Die Butter in einer feuerfesten Pfanne erhitzen und die Gemüsestreifen darin kurz anbraten. Fischfond und Wein angießen, das Gemüse 2 bis 3 Minuten dünsten.

Die Kabeljaufilets kurz kalt abspülen und trockentupfen. Auf das Gemüse legen, salzen und pfeffern. Die Pfanne in den Backofen stellen und den Fisch in 10 Minuten garen.

Zum Servieren das Gemüse mit dem Fisch auf vier Teller verteilen und die Sauce außen herum geben.

Tipp
Sollte die Sauce zu dick geworden sein, geben Sie etwas von der Garflüssigkeit von Fisch und Gemüse hinzu.

Sardinen-Makrelen-Duo

in Knoblauchjus

Den Backofen auf 160 °C (Umluft 140 °C, Gas Stufe 1–2) vorheizen.

Das Olivenöl in einer feuerfesten Pfanne erhitzen und die Sardinen und Makrelen darin anbraten. Mit der Pfanne in den heißen Backofen geben und in 10 Minuten fertig garen. Die Fische herausheben und warm stellen.

Das Öl abgießen. Die Butter in der Pfanne erhitzen und den Knoblauch darin kurz anbraten. Mit Weißwein und Pernod ablöschen und die Flüssigkeit kurz einkochen lassen. Die Kräuter zufügen. Mit Salz und Pfeffer würzen.

Die Fische auf Teller geben und mit der Knoblauchjus übergießen.

Für 4 Portionen

4 EL Olivenöl
8 küchenfertige Sardinen
4 küchenfertige Makrelen
Für die Knoblauchjus:
2 EL Butter
4 EL gehackter Knoblauch
8 EL Weißwein
2 EL Pernod (französische Anis-Spirituose)
2 EL Kräuter der Provence
Salz, Pfeffer aus der Mühle

Zubereitungszeit: *20 Minuten*

Ideal für alle, die es kräftig würzig lieben, ist diese Kombination von Sardinen, Makrelen, Knoblauch und Pernod.

Thunfischsteak

provençale

Für 4 Portionen

4 Thunfischsteaks à 160 g
4 EL Olivenöl
2 EL Butter
2 EL gehackte Schalotten
8 EL Weißwein
2 EL gehackter Knoblauch
4 EL gewürfeltes Tomatenfruchtfleisch
2 EL gehackte schwarze Oliven
2 EL gehackte grüne Oliven
4 EL gehackte frische Kräuter der Provence
Salz, Pfeffer aus der Mühle

Zubereitungszeit: *30 Minuten*

Die Thunfischsteaks unter fließendem kaltem Wasser kurz abspülen und trockentupfen.

Das Olivenöl in einer Pfanne erhitzen und die Steaks darin von beiden Seiten je 3 Minuten anbraten. Den Fisch aus der Pfanne nehmen, in Alufolie wickeln und im Backofen bei etwa 100 °C warm halten; er soll nicht austrocknen.

Das Olivenöl abgießen. Die Butter in der Pfanne erhitzen und die Schalotten darin glasig dünsten. Weißwein und Knoblauch zufügen und 2 Minuten leicht kochen lassen. Tomaten, Oliven und Kräuter einrühren. Das Gemüse salzen und pfeffern.

Die Thunfischsteaks auf vorgewärmte Teller in die Mitte legen und die Sauce darüber geben.

Jakobsmuscheln

in Koriandersauce mit Safranrisotto

Für den Risotto die Butter in einem Topf erhitzen und die Schalotten darin glasig dünsten. Den Reis zugeben und bei mittlerer Hitze unter Rühren glasig werden lassen. Mit dem Weißwein ablöschen und weiterrühren, bis der Reis die Flüssigkeit fast ganz aufgenommen hat. Unter ständigem Rühren den Fischfond portionsweise angießen, so dass der Reis immer nur knapp bedeckt ist. Den Risotto in etwa 12 Minuten fertig kochen. Kurz vor Schluss die Safranfäden zugeben und mit Salz und Pfeffer würzen.

Für die Sauce die Hälfte der Butter erhitzen und die Schalotten darin anbraten. Noilly Prat und Weißwein zugießen und auf die Hälfte reduzieren. Die Sahne einrühren und die Flüssigkeit erneut auf die Hälfte einkochen lassen. Die Sauce von der Kochstelle nehmen und die restliche kalte Butter mit einem Schneebesen einrühren. Den Koriander untermischen.

Die Jakobsmuscheln mit Küchenkrepp trockentupfen. Mit Salz und Pfeffer würzen. Die Butter heiß werden lassen und die Jakobsmuscheln darin kurz braten.

Den Risotto auf vier vorgewärmte Teller geben. Die Jakobsmuscheln auf den Reis setzen und mit der Koriandersauce übergießen.

Für 4 Portionen

Für den Risotto:
1 EL Butter
1 EL gehackte Schalotten
4 EL Basmatireis
4 EL Weißwein
8 EL Fischfond
einige Safranfäden
Salz, Pfeffer aus der Mühle

Für die Sauce:
1 EL gehackte Schalotten
2 EL Butter
4 EL Noilly Prat (trockener Wermutwein)
4 EL Weißwein
8 EL Sahne
2 EL gehackter frischer Koriander

Für die Muscheln:
16 frische ausgelöste Jakobsmuscheln
Salz, Pfeffer aus der Mühle
2 EL Butter

Zubereitungszeit: *40 Minuten*

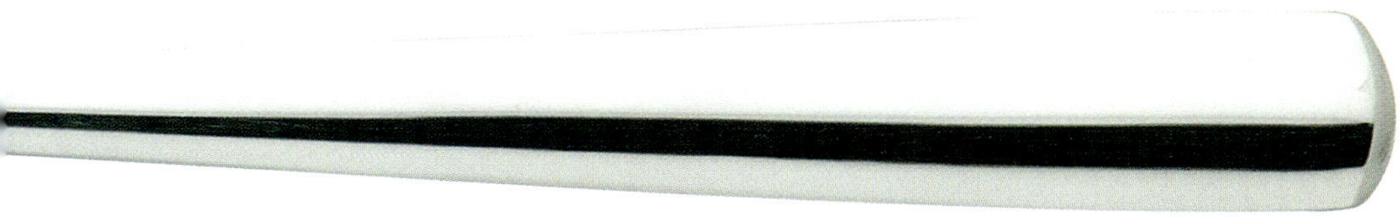

Fisch aus den Flüssen

Springende Bäche, große Flüsse und stille Seen bergen einen wahren Reichtum an Süßwasserfischen. Ausgewählte würzende Zutaten – aus der europäischen wie der fernöstlichen Küche – geben dem Fisch ein zartes Aroma. Lassen Sie sich von Forellenfilet in Senf-Kräuter-Kuste, Escalope vom Lachs in Beaujolaissauce, Hechtfilet in Zimt-Safran-Sauce oder Eglifilet in Pernodschaum verführen.

Filet vom Bachsaibling

auf Olivenragout

Für 4 Portionen

4 Saiblingfilets à 160 g
6 EL Olivenöl
2 EL gehackte Zwiebeln
1 EL gehackter Knoblauch
4 EL gehackte schwarze Oliven
4 EL gehackte grüne Oliven
4 EL gewürfeltes Tomatenfruchtfleisch
2 EL gehackte glatte Petersilie
2 EL Zitronensaft
4 EL Weißwein
Salz, Pfeffer aus der Mühle

Zubereitungszeit: *25 Minuten*

Den Backofen auf 180 °C (Umluft 160 °C, Gas Stufe 2–3) vorheizen.

Die Saiblingfilets unter fließendem kaltem Wasser kurz abspülen und trockentupfen.

In einer feuerfesten Pfanne das Öl erhitzen. Zwiebeln, Knoblauch, Oliven, Tomaten und Petersilie darin kurz anbraten. Zitronensaft und Weißwein einrühren.

Die Saiblingfilets auf die bunte Mischung legen, salzen und pfeffern. Die Pfanne zudecken, in den heißen Backofen stellen und den Fisch in 12 Minuten garen.

Den Pfanneninhalt auf einer großen Platte servieren.

Tipp
Als Beilagen eignen sich typische Mittelmeergemüse, wie z. B. Zucchini, Auberginen, Paprikaschoten und Fenchel.

Bachsaibling

auf Rhabarberkompott

Den Rhabarber waschen, putzen, abziehen, in kleine Stücke schneiden und in eine Kasserolle geben.

Zitronensaft und Zucker zum Rhabarber geben und alles bei schwacher Hitze etwa 12 Minuten leicht kochen lassen. Sobald das Obst eine kompottähnliche Konsistenz hat, die Sahne unterrühren. Salzen, pfeffern und bei schwacher Hitze leicht weiterkochen lassen.

Bachsaiblingfilets unter fließendem kaltem Wasser kurz abspülen und trockentupfen. Mit Salz und Pfeffer würzen.

Die Butter in einer Pfanne erhitzen und die Fischfilets darin von jeder Seite 3 Minuten braten.

Das Rhabarberkompott als Spiegel auf den Teller geben und die Bachsaiblingfilets darauf setzen. Mit Petersilienzweigen dekorieren.

Für 4 Portionen

Für das Kompott:
8 Rhabarberstangen
2 EL Zitronensaft
1 EL Zucker
2 EL Sahne
Salz, Pfeffer aus der Mühle
Für den Fisch:
4 Bachsaiblingfilets à 180 g
Salz, Pfeffer aus der Mühle
2 EL Butter
Zum Dekorieren:
4 Zweige glatte Petersilie

Zubereitungszeit: *30 Minuten*

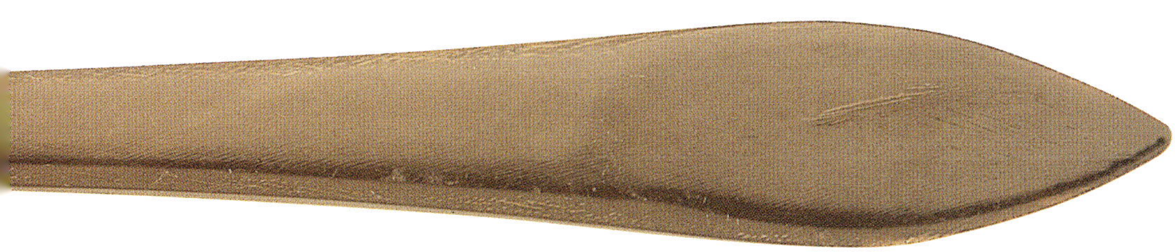

Forellenfilets

in Senf-Kräuter-Kruste

Für 4 Portionen

8 Forellenfilets à 150 g
4 EL Zitronensaft
Salz, Pfeffer aus der Mühle
6 EL Dijonsenf
1 TL Honig
1 EL gehackter frischer Estragon
1 EL gehackte frische Petersilie
1 EL gehacktes frisches Basilikum
1 EL gehackter frischer Koriander
2 EL Butter

Für das Dressing:

4 EL Orangensaft
3 EL Balsamico-Essig
1 TL Zucker, 2 EL Olivenöl
1 EL Walnussöl
Salz, Pfeffer aus der Mühle

Zubereitungszeit: *35 Minuten*

Frische Kräuter schmecken wesentlich intensiver als getrocknete.

Den Backofen auf 180 °C (Umluft 160 °C, Gas Stufe 2–3) vorheizen.

Die Forellenfilets unter fließendem kaltem Wasser kurz abspülen und trockentupfen. Mit Zitronensaft beträufeln, salzen und pfeffern.

Senf, Honig und Kräuter miteinander verrühren, leicht salzen und pfeffern. Die Mischung auf eine Seite der Forellenfilets streichen.

Die Butter in einer feuerfesten Pfanne erhitzen und die Filets mit der Kräuterkruste nach oben darin kurz anbraten. Die Pfanne in den heißen Backofen geben und die Fischfilets in etwa 10 Minuten fertig garen.

Inzwischen für das Dressing Orangensaft, Balsamico-Essig und Zucker vermengen. Unter Rühren beide Öle nach und nach einlaufen lassen. Salzen und pfeffern.

Das Dressing auf vier Teller als Spiegel verteilen und jeweils 2 Forellenfilets darauf geben.

Tipp

Am besten schmecken die Forellenfilets mit frischem Weißbrot oder Kartoffeln.

Lachsforellenfilet

auf einer Sauce von schwarzen Johannisbeeren

Die Lachsforellenfilets kurz kalt abspülen und trockentupfen. Das Öl erhitzen und die Forellenfilets darin von beiden Seiten je 2 Minuten anbraten. Herausnehmen und im Backofen bei etwa 80 °C warm halten.

Das Fett abgießen und den Bratfond mit Wein und Fischfond ablöschen. Den Likör unterrühren und die Flüssigkeit bei mittlerer Hitze auf die Hälfte einkochen lassen.

Die Sauce salzen, pfeffern und von der Kochstelle nehmen. Die Butter mit einem Schneebesen unterschlagen. Die Johannisbeeren zufügen. Die Sauce warm halten.

Die Forellenfilets auf vorgewärmte Teller legen und die Sauce darauf verteilen. Mit Dillzweigen dekorieren.

Für 4 Portionen

4 Lachsforellenfilets à 180 g
4 EL Olivenöl
Für die Sauce:
8 EL Weißwein
8 EL Fischfond
2 EL Crème de cassis
(schwarzer Johannisbeerlikör)
Salz, Pfeffer aus der Mühle
2 EL kalte Butter
8 EL frische schwarze
Johannisbeeren
Zum Dekorieren:
4 Zweige Dill

Zubereitungszeit: *30 Minuten*

Eine ausgefallene Kombination der Zutaten – zartes Forellenfilet mit fruchtigen Beeren.

Escalope vom Lachs

in Beaujolaissauce

Für 4 Portionen

Für die Sauce:
30 EL Beaujolais (300 ml)
10 EL Saft von schwarzen Johannisbeeren
4 EL Cognac
1 TL Speisestärke
3 EL kalte Butter
Salz, Pfeffer aus der Mühle

Für den Fisch:
4 Lachsschnitzel à 160 g
Salz, Pfeffer aus der Mühle
2 EL gehackter frischer Thymian
3 EL Olivenöl

Zubereitungszeit: *25 Minuten*

Rotwein – bis auf 2 Esslöffel –, Johannisbeersaft und Cognac in einer Kasserolle aufkochen und auf die Hälfte reduzieren. Die Speisestärke in dem restlichen Rotwein auflösen, in die Sauce rühren und diese kurz aufkochen lassen. Die Sauce von der Kochstelle nehmen und nach und nach die Butter mit einem Schneebesen einschlagen. Mit Salz und Pfeffer würzen und warm halten.

Die Lachsschnitzel unter fließendem kaltem Wasser kurz abspülen und trockentupfen. Salzen, pfeffern und mit dem Thymian einreiben.

In einer Pfanne das Olivenöl erhitzen und den Lachs darin von jeder Seite etwa 3 Minuten braten.

Die Sauce auf vorgewärmte Teller gießen und den Lachs darauf geben.

Tipp
Zu diesem Gericht passt sehr gut das Püree von einem Saisongemüse, wie z. B. Brokkoli oder Sellerie.

Der zartrosa Lachs wird hier geschmacklich und farblich perfekt von einer fruchtigen Rotweinsauce begleitet.

Lachsrücken

in Senfmousseline

Für 4 Portionen

Für die Sauce:
2 EL Cognac
8 EL Fischfond
4 EL Weißwein
2 EL Dijonsenf
16 EL Sahne
Salz, Pfeffer aus der Mühle
2 EL kalte Butter
Für den Fisch:
4 Mittelstücke vom
Lachsfilet à 160 g
3 EL Olivenöl
2 EL Butter

Zubereitungszeit: *20 Minuten*

Für die Sauce Cognac, Fischfond und Weißwein aufkochen und bei mittlerer Hitze auf die Hälfte einkochen lassen. Senf und Sahne einrühren. Die Sauce salzen, pfeffern und warm halten.

Die Lachsfilets unter fließendem kaltem Wasser kurz abspülen und trockentupfen.

Olivenöl und Butter in einer Pfanne erhitzen und den Lachs darin 3 Minuten pro Seite braten.

Die kalte Butter in die Sauce geben und diese mit dem Pürierstab des Handrührers schaumig aufschlagen.

Den Lachs auf vorgewärmte Teller legen und mit der Senfmousseline übergießen.

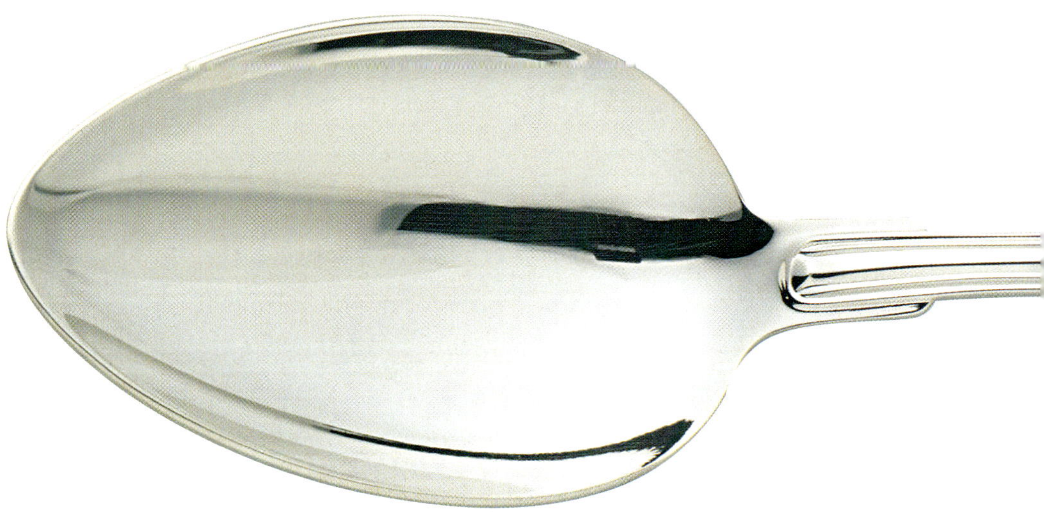

Hechtfilet

in Zimt-Safran-Sauce

Den Backofen auf 180 °C (Umluft 160 °C, Gas Stufe 2–3) vorheizen. Eine feuerfeste Form mit Butter ausfetten.

Die Hechtfilets kurz kalt abspülen und trockentupfen. In die Form legen, den Weißwein angießen und mit Salz und Pfeffer würzen. Die Form in den Backofen stellen und den Fisch 8 Minuten pochieren.

Für die Sauce Fischfond mit Zimt und Safran erhitzen und bei mittlerer Hitze leise kochen lassen, bis die Flüssigkeit auf ein Viertel eingekocht ist. Die Sahne einrühren und die Sauce leicht kochen lassen, bis sie sämig ist. Mit Salz und Pfeffer würzen. Die Sauce von der Kochstelle nehmen. Die kalte Butter mit einem Schneebesen in die Sauce schlagen.

Die Hechtfilets auf vorgewärmte Teller geben und mit der Zimt-Safran-Sauce übergießen.

Für 4 Portionen

Für den Fisch:
4 Hechtfilets à 160 g,
ohne Gräten
20 EL Weißwein (200 ml)
Salz, Pfeffer aus der Mühle
Für die Sauce:
10 EL Fischfond
1/2 TL Zimtpulver
1/2 TL Safranpulver
10 EL Sahne
Salz, Pfeffer aus der Mühle
1 EL kalte Butter
Außerdem:
1 EL Butter für die Form

Zubereitungszeit: *25 Minuten*

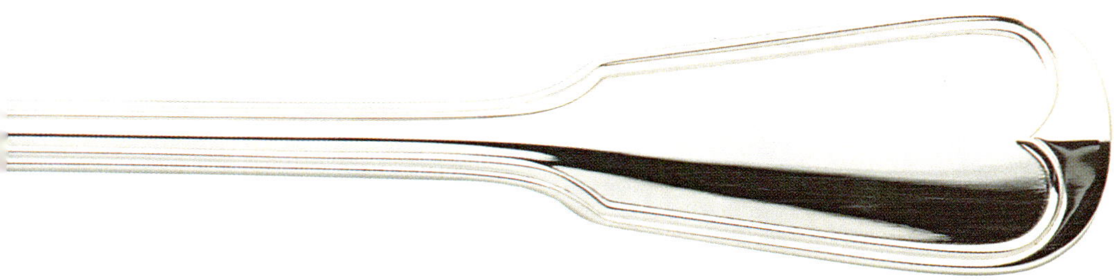

Zanderfilet

mit Pestosauce

Für 4 Portionen

Für die Pestosauce:
1 Bund Basilikum
4 Knoblauchzehen
3 EL Pinienkerne
5 EL Olivenöl
3 EL geriebener Parmesan
Salz, Pfeffer aus der Mühle
4 EL Weißwein
Für den Fisch:
4 Zanderfilets à 160 g
Salz, Pfeffer aus der Mühle
3 EL Butter

Zubereitungszeit: *20 Minuten*

Pesto – die klassische gehaltvolle, farb- und geschmacksintensive Basilikumpaste – hier als feine Beigabe zum mageren Zanderfilet.

Das Basilikum waschen, trocknen, die Blätter von den Stielen zupfen und in einen Mixer geben. Knoblauch abziehen und mit Pinienkernen, Olivenöl und Parmesan zufügen. Alles fein pürieren, salzen und pfeffern.

Die Zanderfilets unter fließendem kaltem Wasser kurz abspülen und trockentupfen. Mit Salz und Pfeffer würzen.

Die Butter erhitzen und die Filets darin etwa 3 Minuten pro Seite braten.

In einer Kasserolle den Weißwein erhitzen, das Pestopüree einrühren und wenige Minuten leicht kochen lassen.

Die Zanderfilets auf vorgewärmte Teller legen und die Pestosauce darüber geben.

Tipp
In Butter geschwenkte breite Nudeln passen sehr gut als Beilage zum Zanderfilet.

Zanderfilet

auf Rotweinzwiebel-Marmelade

Für die Sauce Zwiebeln abziehen, halbieren und in dünne Scheiben schneiden. Butter erhitzen und die Zwiebeln darin hell anbraten, salzen und pfeffern. Nach 5 Minuten Wein angießen, unter Rühren 10 Minuten kochen lassen.

Honig und Marmelade zugeben. Die Sauce unter Rühren kochen, bis sie eine marmeladenähnliche Konsistenz hat.

Die Zanderfilets unter fließendem kaltem Wasser kurz abspülen und trockentupfen. Das Olivenöl in einer Pfanne erhitzen und die Filets darin 3 Minuten pro Seite braten.

In die Mitte der vorgewärmten Teller die Zwiebelmarmelade geben und darauf jeweils 1 Zanderfilet setzen. Mit Schnittlauch und Petersilie dekorieren.

Für 4 Portionen

Für die Sauce:
4 mittelgroße Zwiebeln
2 EL Butter
Salz, Pfeffer aus der Mühle
25 EL Rotwein (1/4 l)
2 EL Honig
1 EL Orangenmarmelade
Für den Fisch:
4 Zanderfilets à 180 g
2 EL Olivenöl
Zum Dekorieren:
Schnittlauchhalme
glatte Petersilie

Zubereitungszeit: *45 Minuten*

Die Zwiebelmarmelade passt auch sehr gut zu Geflügel und Rindfleisch.

Flussbarschfilet

in Lavendelhonigsauce

Für 4 Portionen

Für die Sauce:
2 EL Lavendelhonig
2 EL Apfelweinessig
4 EL Weißwein
16 EL Sahne
1 EL Lavendelblüten
1 EL kalte Butter
Salz, Pfeffer aus der Mühle
Für den Fisch:
4 Flussbarschfilets à 160 g
Salz, Pfeffer aus der Mühle
3 EL Olivenöl

Zubereitungszeit: *20 Minuten*

Für die Sauce Honig, Essig und Wein bei mittlerer Hitze etwas einkochen lassen. Die Sahne einrühren und alles leicht kochen lassen, bis die Sauce eine sämige Konsistenz bekommt. Von der Kochstelle nehmen und die Lavendelblüten untermengen. Die Butter mit einem Schneebesen in die Sauce schlagen, salzen und pfeffern.

Die Flussbarschfilets unter fließendem kaltem Wasser kurz abspülen und trockentupfen. Mit Salz und Pfeffer würzen.

Das Olivenöl erhitzen und die Filets darin etwa 3 Minuten von jeder Seite braten.

Den Fisch auf vorgewärmte Teller geben und die Lavendelhonigsauce darüber verteilen.

Tipp
Dazu passt sehr gut ein Brunnenkressesalat.

Für jeden Gaumen unwiderstehlich sind diese Flussbarschfilets, überzogen von einer Sauce aus Lavendelhonig, Apfelessig und Weißwein.

Eglifilet

in Pernodschaum

Für 4 Portionen

Für die Sauce:
3 Eigelbe
10 EL Weißwein
2 EL Pernod (französische Anis-Spirituose)
Salz, Pfeffer aus der Mühle
1 EL gehackter frischer Estragon
Für den Fisch:
4 Eglifilets à 180 g
Salz, Pfeffer aus der Mühle
3 EL Butter

Zubereitungszeit: *20 Minuten*

In einem Wasserbad Eigelbe, Weißwein und Pernod cremig aufschlagen. Mit Salz, Pfeffer und Estragon würzen. Die Sauce zur Seite stellen, ab und zu umrühren.

Die Eglifilets unter fließendem kaltem Wasser kurz abspülen und trockentupfen. Mit Salz und Pfeffer würzen.

Die Butter in einer Pfanne erhitzen und die Fischfilets darin etwa 3 Minuten von jeder Seite braten.

Die Eglifilets auf vorgewärmte Teller geben und mit dem Pernodschaum begießen.

Tipp
Man kann anschließend das Gericht im Backofen bei 180 °C und Oberhitze kurz überbacken.

Karpfenfilet

mit einem Schaum von grünem Pfeffer und Senf

Für die Sauce Eigelbe, Weißwein, Senf und Pfefferkörner bei schwacher Hitze cremig aufschlagen. Die Sahne unterheben. Die Sauce salzen, pfeffern und den Estragon unterrühren.

Die Karpfenfilets unter fließendem kaltem Wasser kurz abspülen und trockentupfen.

Das Olivenöl in einer Pfanne erhitzen und die Filets darin 4 Minuten pro Seite braten.

Den Karpfen auf vorgewärmte Teller legen und mit der Sauce überziehen.

Tipp
Dazu passen neue Salzkartoffeln mit Estragonbutter.

Für 4 Portionen

Für die Sauce:
2 Eigelbe
6 EL Weißwein
2 EL Dijonsenf
1 TL grüne Pfefferkörner
6 EL geschlagene Sahne
Salz, Pfeffer aus der Mühle
1 EL gehackter frischer Estragon

Für den Fisch:
4 Karpfenfilets à 180 g
3 EL Olivenöl

Zubereitungszeit: *25 Minuten*

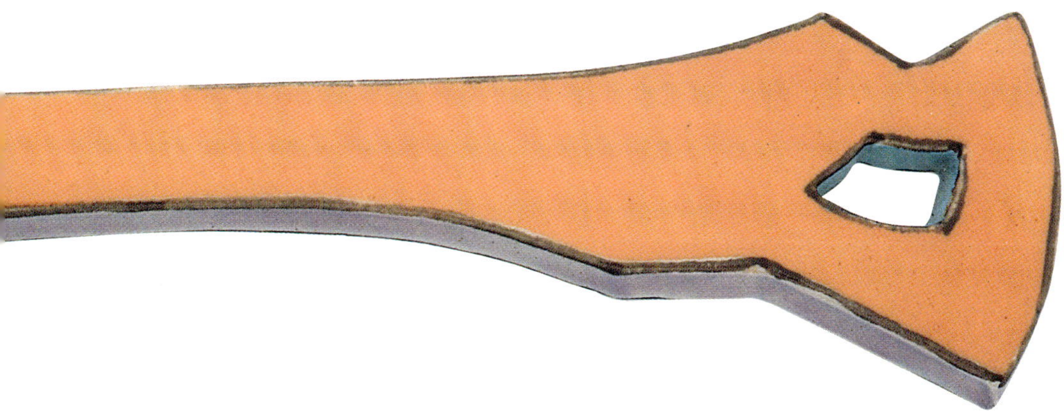

Zartes Geflügel und Fleisch

Die Frische und das Aroma der einzelnen Zutaten sind das Wichtigste beim Kochen. Perlhuhnbrust in Salbeicreme, Entenbrust in Orangen-Thymian-Sauce, Kalbsfilet auf Estragoncreme oder Rehnüsschen in Schalottensauce beweisen dies. Bereits das Lesen der Rezepte lässt einem das Wasser im Mund zusammenlaufen. Aber Vorsicht: Der letzte, süße Gang sollte später auch noch Platz im Magen finden!

Gefülltes Stubenküken

auf Morchelsauce

Für 4 Portionen

4 EL geriebener Parmesan
4 EL Semmelbrösel
2 EL Kräuter der Provence
1 Ei
Salz, Pfeffer aus der Mühle
4 küchenfertige Stubenküken
6 EL Pflanzenöl
8 EL Portwein
2 EL Cognac
4 EL getrocknete Morcheln
8 EL Crème double

Zubereitungszeit: *30 Minuten*

Den Backofen auf 180 °C (Umluft 160 °C, Gas Stufe 2–3) vorheizen.

Für die Füllung Parmesan, Semmelbrösel, Kräuter und Ei miteinander vermengen, salzen und pfeffern.

Die Stubenküken unter fließendem kaltem Wasser innen und außen waschen und trockentupfen. Salzen, pfeffern und die Füllung in die Bauchhöhlen geben.

In einer feuerfesten Pfanne das Öl erhitzen und die Küken darin von jeder Seite 2 Minuten anbraten. Die Pfanne in den heißen Backofen stellen und die Stubenküken darin in 20 Minuten fertig garen. Die gefüllten Stubenküken in Alufolie wickeln oder in einen Topf setzen und im ausgeschalteten Backofen ruhen lassen.

Das Bratfett abgießen. Den Bratsatz mit Portwein und Cognac ablöschen, die Morcheln zugeben und in der Pfanne bei mittlerer Hitze leicht kochen lassen. Die Crème double einrühren und weiter leicht kochen lassen. Die Sauce mit Salz und Pfeffer würzen. Die Sauce auf vier vorgewärmte Teller verteilen und die Küken darauf legen.

Poulardenbrust

auf Tomatencoulis

Für die Coulis die Tomaten mit kochendem Wasser überbrühen, abziehen, die Samen entfernen und das Fruchtfleisch in kleine Würfel schneiden.

Butter in einer Pfanne erhitzen. Schalotten, Knoblauch, Rosmarin und Thymian darin 4 Minuten anbraten. Tomatenwürfel, Zucker und Gin einrühren und alles 10 Minuten leicht kochen lassen.

Den Backofen auf 180 °C (Umluft 160 °C, Gas Stufe 2–3) vorheizen.

Die Poulardenbrüste unter fließendem kaltem Wasser kurz abspülen und trockentupfen. Salzen und pfeffern. Das Öl in einer feuerfesten Pfanne erhitzen und die Poulardenbrüste darin rundum anbraten. Die Pfanne in den heißen Backofen stellen, das Fleisch in 12 Minuten fertig braten.

Die Tomatencoulis im Mixer pürieren und auf vorgewärmte Teller als Spiegel gießen. Die Poulardenbrüste jeweils in die Mitte geben und mit Estragon dekorieren.

Tipp
Dazu können Sie als schönen Farbkontrast und Vitaminbeilage blanchierte Brokkoliröschen reichen.

Für 4 Portionen

Für die Coulis:
500 g reife Tomaten
2 EL Butter
2 EL gehackte Schalotten
1 TL gehackter Knoblauch
1 EL gehackter frischer Rosmarin
1 EL gehackter frischer Thymian
1 EL Zucker
2 EL Gin
Für das Fleisch:
4 Poulardenbrüste
Salz, Pfeffer aus der Mühle
3 EL Olivenöl
Zum Dekorieren:
4 Zweige Estragon

Zubereitungszeit: *45 Minuten*

Sautierte Poulardenbrust

mit Ingwer und Apfel-Calvados-Sauce

Für 4 Portionen

4 Poulardenbrüste
2 EL Butter
2 EL gehackte Schalotten
Salz, Pfeffer aus der Mühle
4 EL Weißwein
4 EL Calvados
2 Äpfel
2 EL gehackter frischer Ingwer
8 EL Crème double
2 EL frische Estragonblätter

Zubereitungszeit: *25 Minuten*

Die Äpfel verleihen der Poulardenbrust eine säuerliche Note und machen ihr Fleisch zart und mürbe.

Die Poulardenbrüste unter fließendem kaltem Wasser kurz abspülen und trockentupfen. In grobe Stücke zerteilen.

Die Butter in einer Pfanne erhitzen und die Schalotten darin glasig anbraten. Die Poulardenbrust einlegen und mit den Schalotten goldbraun braten. Salzen und pfeffern. Mit Wein und Calvados ablöschen, einige Minuten leicht kochen lassen.

Die Äpfel schälen, das Kerngehäuse entfernen und das Fruchtfleisch in kleine Stücke schneiden. Zusammen mit dem Ingwer zu den Poulardenbrüsten geben. Zugedeckt 5 Minuten leicht kochen lassen. Die Crème double und den Estragon zufügen und die Sauce weitere 5 Minuten leicht kochen lassen. Mit Salz und Pfeffer würzen.

Das Gericht auf vorgewärmten Tellern servieren.

Tipp
Dazu passt sehr gut ein Safranrisotto (Rezept Seite 55), das sehr gut mit dem exotischen Ingwer harmoniert.

Perlhuhnbrust

in Salbeicreme

Den Backofen auf 180 °C (Umluft 160 °C, Gas Stufe 2–3) vorheizen. Das Öl in einen Bräter geben, die Perlhuhnbrüste einlegen und 20 Minuten im heißen Backofen braten. Fleisch herausnehmen, in Alufolie wickeln, warm halten.

Das Öl aus dem Bräter abgießen und den Bratsatz mit Geflügelfond und Cognac ablöschen. Den Senf einrühren und bei schwacher Hitze etwas einkochen lassen. Crème double und Salbei zugeben und alles 5 Minuten leicht kochen lassen. Die Sauce von der Kochstelle nehmen und die Butter mit einem Schneebesen in die Sauce schlagen. Mit Salz und Pfeffer würzen.

Die Perlhuhnbrüste aus der Folie nehmen, in schräge Scheiben schneiden und als Fächer auf die Teller legen. Mit der Salbeisauce überziehen.

Für 4 Portionen

4 EL Olivenöl
4 Perlhuhnbrüste
10 EL Geflügelfond
2 EL Cognac
1 EL Dijonsenf
10 EL Crème double
6 EL gehackter frischer Salbei
2 EL kalte Butter
Salz, Pfeffer aus der Mühle

Zubereitungszeit: *40 Minuten*

Der scharfe Dijonsenf bildet den idealen Gegensatz zum zarten Fleisch des Perlhuhns.

Perlhuhnbrust

»Gaby«

Für 4 Portionen

4 Perlhuhnbrüste
Salz, Pfeffer aus der Mühle
2 EL Olivenöl
4 EL Butter
20 ungeschälte Knoblauchzehen
4 EL Weißwein
10 EL Geflügel- oder Gemüsefond
12 EL Sahne
2 EL gehackter frischer Estragon

Zubereitungszeit: *40 Minuten*

Den Backofen auf 180 °C (Umluft 160 °C, Gas Stufe 2–3) vorheizen. Die Perlhuhnbrüste unter fließendem kaltem Wasser kurz abspülen und trockentupfen. Salzen und pfeffern.

Das Olivenöl und die Hälfte der Butter in einer feuerfesten Pfanne erhitzen und die Perlhuhnbrüste darin anbraten. Den Knoblauch zufügen. Die Pfanne in den heißen Backofen stellen und die Perlhuhnbrüste in 15 Minuten fertig braten.

Das Bratfett abgießen, dabei das Fleisch in der Pfanne lassen. Mit einer Gabel die Knoblauchzehen zerdrücken. Den Bratsatz mit Weißwein und Fond ablöschen und die Flüssigkeit bei mittlerer Hitze leicht kochen lassen, bis sie auf die Hälfte reduziert ist. Die Sahne einrühren, mit Salz und Pfeffer würzen und alles kurz leicht kochen lassen. Von der Kochstelle nehmen. Die restliche Butter mit einem Schneebesen in die Sauce rühren. Durch ein Sieb in eine Kasserolle passieren und den Estragon einrühren.

Die Perlhuhnbrüste auf vorgewärmte Teller legen und mit der Sauce überziehen.

Entenkeule

in einer Sauce aus Trockenfrüchten

Den Backofen auf 180 °C (Umluft 160 °C, Gas Stufe 2–3) vorheizen.

Korinthen und Pflaumen 5 Minuten in lauwarmem Wasser einweichen. Das Wasser abgießen und den Cognac untermischen. Die Entenkeulen unter fließendem kaltem Wasser kurz abspülen und trockentupfen.

Die Butter in einer feuerfesten Pfanne erhitzen und die Entenkeulen darin von beiden Seiten goldbraun anbraten. Mit Salz und Pfeffer würzen. Schalotten und Thymian zufügen und mit Portwein ablöschen.

Die Pfanne in den heißen Backofen stellen und die Entenkeule darin in 20 Minuten fertig garen. Nach 10 Minuten Garzeit den Weißwein angießen. Die Keulen aus der Pfanne nehmen, in Alufolie wickeln und im ausgeschalteten Backofen ruhen lassen.

Den Bratfond aus der Pfanne durch ein Sieb in eine Kasserolle passieren. Die Sahne einrühren und bei mittlerer Hitze etwas reduzieren. Die marinierten Früchte mit dem Cognac in die Sauce geben und kurz darin erwärmen.

Die Keulen auf vorgewärmte Teller geben und mit der Sauce umgießen.

Für 4 Portionen

6 EL Korinthen
16 getrocknete Pflaumen
8 EL Cognac
4 Entenkeulen
4 EL Butter
Salz, Pfeffer aus der Mühle
2 EL gehackte Schalotten
1 EL gehackter frischer Thymian
8 EL Portwein
16 EL Weißwein
10 EL Sahne

Zubereitungszeit: *50 Minuten*

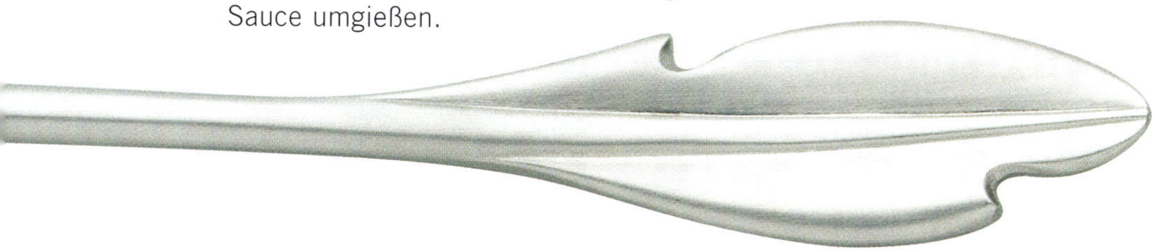

Entenbrust

in Orangen-Thymian-Sauce

Für 4 Portionen

2 Entenbrüste
4 EL Olivenöl
Salz, Pfeffer aus der Mühle
Für die Sauce:
3 EL Butter
2 EL Zucker
12 EL Orangensaft
12 EL Geflügelfond
1 EL frische Thymian-blättchen
Salz, Pfeffer aus der Mühle

Zubereitungszeit: *30 Minuten*

Den Backofen auf 200 °C (Umluft 180 °C, Gas Stufe 3–4) vorheizen. Die Entenbrüste unter fließendem kaltem Wasser kurz abspülen und trockentupfen.

Das Öl in einer feuerfesten Pfanne erhitzen und die Entenbrüste darin mit der Hautseite nach unten anbraten. Nach 2 Minuten wenden, salzen, pfeffern und im heißen Backofen in weiteren 10 Minuten fertig braten. Die Entenbrüste herausnehmen, in Alufolie wickeln und warm halten.

Das Bratfett abgießen. In der Pfanne 1 Esslöffel Butter mit dem Zucker bei schwacher Hitze karamellisieren lassen. Den Orangensaft und den Geflügelfond einrühren und die Flüssigkeit etwas einkochen. Die Sauce mit Thymian, Salz und Pfeffer würzen. Die Sauce von der Kochstelle nehmen und die restliche kalte Butter mit einem Schneebesen in die Sauce schlagen.

Die Entenbrust schräg in Scheiben schneiden und auf vorgewärmte Teller als Fächer legen. Mit der Orangen-Thymian-Sauce arrangieren.

Die Kombination von Ente und Orangen gehört zu den Höhepunkten der französischen Küche und hat bis heute nichts von ihrer Verführungskraft eingebüßt.

Tipp
Servieren Sie in Butter geschwenkte Zuckerschoten dazu – ein Genuss!

Wachtel

auf Selleriepüree in Portweinsauce

Für 4 Portionen

1 kleine Sellerieknolle
2 Kartoffeln
Salz
10 EL Sahne
2 EL Butter
Pfeffer aus der Mühle
8 küchenfertige Wachteln
6 EL Olivenöl
1 EL Balsamico-Essig
20 EL Portwein (200 ml)
10 EL Fleischbrühe
Zum Dekorieren:
frischer Kerbel

Zubereitungszeit: *45 Minuten*

Oft unterschätzt und zum bloßen Suppengemüse degradiert – als nussig-aromatisches Püree zubereitet ist die Sellerieknolle eine feine Begleitung zur gebratenen Wachtel.

Die Sellerieknolle und die Kartoffeln waschen, schälen und in kleine Stücke schneiden. In wenig Salzwasser in etwa 10 Minuten gar kochen. Das Wasser abgießen und die Gemüsestücke durch eine Kartoffelpresse drücken. Diese Masse mit 4 Esslöffeln Sahne, der Butter sowie Salz und Pfeffer vermischen und zur Seite stellen.

Den Backofen auf 180 °C (Umluft 160 °C, Gas Stufe 2–3) vorheizen.

Die Wachteln innen und außen kalt abspülen und trockentupfen. Salzen und pfeffern. Das Olivenöl in einer feuerfesten Pfanne erhitzen und die Wachteln darin rundum anbraten. Die Pfanne in den heißen Backofen stellen und die Wachteln in 12 Minuten fertig braten.

Die Pfanne aus dem Backofen nehmen und das Bratfett abgießen, dabei bleiben die Wachteln in der Pfanne. Den Bratsatz mit Balsamico-Essig und Portwein ablöschen und kurz leicht kochen lassen. Die Fleischbrühe und die restliche Sahne zugeben und einkochen lassen, bis die Sauce eine sämige Konsistenz hat. Mit Salz und Pfeffer würzen.

Das Selleriepüree kurz erwärmen und auf vorgewärmte Teller in die Mitte verteilen. Wachteln darauf geben und mit der Portweinsauce überziehen. Mit Kerbel dekorieren.

Geschmorte Tauben

auf Gemüsebett

In einem Schmortopf Speck, Knoblauch, Schalotten, Möhren, Sellerie, Rosmarin, Thymian und Petersilie miteinander vermischen und mit Olivenöl begießen. Die Tauben salzen, pfeffern und darauf legen.

Alles bei mittlerer Hitze etwa 10 Minuten garen, bis die Tauben eine goldbraune Farbe angenommen haben. Zwischendurch einmal das Gemüse durchrühren und die Tauben wenden.

Die Hälfte der Gemüsebrühe und die Hälfte des Rotweins angießen. Die Hitze reduzieren und alles zugedeckt 1 Stunde 30 Minuten schmoren lassen. Dabei nach und nach die restliche Brühe und den restlichen Rotwein zugießen, so dass immer genug Flüssigkeit vorhanden ist. Im Topf servieren, es duftet herrlich!

Für 4 Portionen

4 EL gewürfelter Speck
1 EL gehackter Knoblauch
4 EL gehackte Schalotten
4 EL gewürfelte Möhren
4 EL gewürfelter Knollensellerie
2 EL gehackter Rosmarin
2 EL gehackter Thymian
2 EL gehackte glatte Petersilie
4 EL Olivenöl
4 küchenfertige Tauben
Salz, Pfeffer aus der Mühle
30 EL Gemüsebrühe (300 ml)
30 EL Rotwein (300 ml)

Zubereitungszeit:
1 Stunde 30 Minuten

Zu den geschmorten Tauben passen gut in Olivenöl gebratene und mit Kräutern und Salz gewürzte Kartoffelwürfel.

Schweinefilet

auf Zwetschenkompott mit Karamellsauce

Für 4 Portionen

Für das Kompott:
16 Zwetschen
2 EL Zucker
12 EL Rotwein
Für die Sauce:
2 EL Zucker
12 EL Rotwein
2 EL Rotweinessig
2 EL Johannisbeergelee
Salz, Pfeffer aus der Mühle
Für das Fleisch:
8 Schweinefilets à 80 g
Salz, Pfeffer aus der Mühle
4 EL Pflanzenöl
4 Thymianzweige

Zubereitungszeit: *40 Minuten*

Für das Kompott die Zwetschen waschen, trocknen, halbieren und entkernen. In einer Kasserolle den Zucker bei schwacher Hitze leicht karamellisieren lassen. Die Zwetschen einlegen, den Bratsatz mit Rotwein ablöschen und alles etwa 10 Minuten leicht kochen lassen.

Für die Karamellsauce den Zucker in einer zweiten Kasserolle bei schwacher Hitze leicht karamellisieren lassen. Mit Rotwein und Essig ablöschen, das Johannisbeergelee unterrühren, salzen, pfeffern und leicht weiterkochen lassen, bis die Sauce eine sämige Konsistenz hat.

Die Schweinefilets mit Salz und Pfeffer würzen. Das Öl erhitzen und das Fleisch darin von jeder Seite 3 Minuten braten. Die Thymianzweige mit anbraten.

Das Kompott auf vorgewärmte Teller geben und die Filets mit den Thymianzweigen auflegen. Die Sauce darauf verteilen.

Schweinekotelett

in grüner Basilikumsauce

Für 4 Portionen

1 Bund Basilikum
12 EL Gemüsebrühe
4 Schweinekoteletts
Salz, Pfeffer aus der Mühle
3 EL Olivenöl
1 EL Butter
1 EL gehackte Schalotten
2 EL Cognac
6 EL Crème fraîche

Zubereitungszeit: *30 Minuten*

Das Basilikum waschen, trocknen und 4 schöne Blätter für die Dekoration aufbewahren. Die restlichen Basilikumblätter grob zerzupfen und mit der Gemüsebrühe im Mixer pürieren. Zur Seite stellen.

Die Koteletts mit Salz und Pfeffer würzen. Das Olivenöl erhitzen und die Koteletts darin 4 Minuten pro Seite anbraten. Aus der Pfanne nehmen und warm halten.

Das Fett aus der Pfanne abgießen. Die Butter darin erhitzen und die Schalotten glasig anbraten. Mit Cognac ablöschen. Das Basilikumpüree direkt über der Pfanne durch ein Sieb passieren und alles 3 Minuten leicht kochen lassen. Die Crème fraîche unterrühren und kurz erwärmen. Die Sauce mit Salz und Pfeffer würzen.

Die Koteletts auf vorgewärmte Teller geben und mit der Basilikumsauce übergießen. Mit den beiseite gelegten Basilikumblättern dekorieren.

Tipp
Dazu passt ein frisch zubereitetes, cremiges Kartoffelpüree.

Spieß von Kalbssteak

und Scampi auf Safranlinsen

Für 4 Portionen

4 Kalbsrückensteaks à 100 g
8 Scampi ohne Schale
2 EL Olivenöl
1 EL gehackter Knoblauch
1 EL Currypulver
1 EL Paprikapulver
2 EL gehackte frische Kräuter der Provence
Salz, Pfeffer aus der Mühle
8 EL rote Linsen
4 EL Crème double
1/2 TL Safranpulver

Zubereitungszeit: *45 Minuten*

Ob mit Fisch oder mit Fleisch – sparsam verwendet kann Knoblauch fast jedes Gericht veredeln.

Die Kalbsrückensteaks in mundgerechte viereckige Stücke schneiden. Von den Scampi die dunklen Darmstränge entfernen und die Scampi quer halbieren.

In einer Schüssel Olivenöl, Knoblauch, Currypulver, Paprikapulver, die Kräuter, Salz und Pfeffer vermischen.

Die Linsen in Salzwasser etwa 10 Minuten kochen.

Die Spieße (zwei pro Person) vorbereiten. Dafür abwechselnd 1 Stück Kalbfleisch und 1 Scampihälfte aufspießen. Rundum mit der Gewürzmischung einstreichen.

Den Backofen auf 160 °C (Umluft 140 °C, Gas Stufe 1–2) vorheizen oder einen Grill erhitzen. Die Spieße entweder im Backofen 10 Minuten braten oder grillen.

Die Linsen abgießen. Crème double und Safran einrühren, mit Salz und Pfeffer würzen und nochmals kurz erwärmen.

Die Safranlinsen auf vorgewärmte Teller in die Mitte geben und die Spieße darauf anrichten.

Kalbskotelett

in einer Sauce aus vier Senfsorten

Olivenöl und Butter in einer Pfanne erhitzen und die Kalbskoteletts darin von jeder Seite etwa 4 Minuten anbraten. Die Koteletts herausnehmen und im Backofen bei 80 °C zugedeckt warm halten.

Das Fett aus der Pfanne abgießen. Den Bratfond mit Weißwein ablöschen, alle Senfsorten und den Meerrettich unterrühren. Die Sahne einrühren. Die Sauce bei schwacher Hitze leicht kochen lassen, salzen und pfeffern.

Die Kalbskoteletts auf vorgewärmte Teller geben und mit der sämigen Senfsauce überziehen.

Für 4 Portionen

2 EL Olivenöl
2 EL Butter
4 Kalbskoteletts
Für die Sauce:
8 EL Weißwein
1 TL Dijonsenf
1 TL süßer Senf
1 TL Senf mit grünem Pfeffer
1 TL Currysenf
1 EL frisch geriebener Meerrettich
16 EL Sahne
Salz, Pfeffer aus der Mühle

Zubereitungszeit: *25 Minuten*

Die Raffinesse dieses Gerichts steckt in der Sauce zum zarten Kalbsfilet – sie besteht aus vier ausgewählten Senfsorten, jede von ganz eigener Geschmacksnote.

Kalbsfilet

auf Estragoncreme

Für 4 Portionen

Für die Sauce:
12 EL Kalbsfond
6 EL trockener Weißwein
2 EL Noilly Prat (trockener Wermutwein)
1 EL gehackte Schalotten
15 EL Sahne
2 EL gehackter frischer Estragon

Für das Fleisch:
4 Kalbsmedaillons à 160 g
Salz, Pfeffer aus der Mühle
4 EL Butter

Zubereitungszeit: *40 Minuten*

Kalbsfond, Weißwein, Noilly Prat und Schalotten aufkochen und die Flüssigkeit auf ein Viertel reduzieren.

Die Sahne einrühren und ebenfalls etwas einkochen lassen. Die Sauce zur Seite stellen.

Die Kalbsfilets mit Salz und Pfeffer würzen. Die Butter erhitzen und die Filets darin von beiden Seiten jeweils etwa 3 Minuten anbraten.

Den Estragon in die Sauce geben und diese kurz erwärmen.

Die Sauce auf vorgewärmte Teller geben und die Kalbsfilets in der Mitte anrichten.

Tipp
Hierzu passen alle frischen Frühlingsgemüse, z. B. junge Möhren, kleine Rübchen, Frühlingszwiebeln, Spargel und natürlich neue Kartoffeln – lediglich mit einem Hauch Butter überzogen.

Die vollendete Form, ein Kalbsfilet zu begleiten: eine Creme aus Weißwein, Noilly Prat, Sahne und Estragon.

Kalbsnieren

in Safran-Senf-Sauce

Für 4 Portionen

2 Kalbsnieren
Salz, Pfeffer aus der Mühle
2 EL Butter
1 EL Pflanzenöl
2 EL gehackte Zwiebeln
2 EL Dijonsenf
1/2 TL Safranpulver
4 EL Weißwein
8 EL Crème fraîche

Zubereitungszeit: *30 Minuten*

Von den Kalbsnieren das Fett entfernen sowie die dünne Haut abziehen. Die Nieren in mittelgroße Stücke schneiden. Mit Salz und Pfeffer würzen.

Butter und Öl erhitzen und die Nieren darin in etwa 3 Minuten anbraten.

Zwiebeln, Senf und Safran unterrühren. Mit Weißwein ablöschen und bei schwacher Hitze kurz leicht kochen lassen. Die Crème fraîche zufügen, salzen, pfeffern und alles weitere 2 Minuten garen.

Die Nieren in der Safran-Senf-Sauce auf vier Tellern anrichten.

Tipp
Hierzu passen hausgemachte Nudeln.

Kalbsbries

in Pernod-Dill-Sauce

Lassen Sie sich von Ihrem Metzger das Bries säubern und in acht Stücke zerteilen.

Butter und Öl in einer Pfanne erhitzen. Das Bries salzen und pfeffern und etwa 10 Minuten braten. Das Bries in Alufolie wickeln, im Backofen bei 80 °C warm halten.

Für die Sauce das Fett aus der Pfanne abgießen. Die Butter in der Pfanne erhitzen und die Schalotten darin anbraten. Mit Pernod und Weißwein ablöschen. Den Kalbsfond einrühren und auf die Hälfte einkochen lassen.

Die Sahne einrühren und die Sauce bei schwacher Hitze leicht kochen lassen, bis sie eine sämige Konsistenz hat. Mit Salz, Pfeffer und Dill würzen.

Das Kalbsbries auf vorgewärmte Teller geben und mit der Pernod-Dill-Sauce überziehen. Mit Dillspitzen dekorieren.

Tipp
Dazu passt sehr gut Selleriepüree (Rezept Seite 82).

Für 4 Portionen

600 g Kalbsbries
1 EL Butter
2 EL Olivenöl
Salz, Pfeffer aus der Mühle
Für die Sauce:
1 EL Butter
2 EL gehackte Schalotten
6 EL Pernod (französische Anis-Spirituose)
10 EL Weißwein
10 EL Kalbsfond
15 EL Sahne
Salz, Pfeffer aus der Mühle
4 EL gehackter frischer Dill
Zum Dekorieren:
8 Dillspitzen

Zubereitungszeit: *30 Minuten*

Kalbsleber

in Armagnac-Rosinen-Sauce

Für 4 Portionen

4 EL Rosinen
4 Scheiben Kalbsleber
2 EL Butter
2 EL Balsamico-Essig
4 EL Armagnac
(französischer Weinbrand)
8 EL Crème double
Salz, Pfeffer aus der Mühle

Zubereitungszeit: *30 Minuten*

Die Rosinen 20 Minuten in kaltem Wasser einweichen.

Die Kalbsleber nach Bedarf von Adern und Häutchen befreien. Die Butter in einer Pfanne erhitzen und die Leber darin 2 Minuten von jeder Seite braten. Die Leber herausnehmen und warm stellen.

Den Bratsatz in der Pfanne mit Balsamico-Essig und Armagnac ablöschen.

Die Rosinen in ein Sieb abgießen und zufügen. Die Sauce kurz leicht kochen lassen. Die Crème double einrühren, mit Salz und Pfeffer würzen und noch wenige Minuten leicht kochen lassen.

Die Kalbsleberscheiben auf vorgewärmte Teller legen und mit der Rosinen-Armagnac-Sauce übergießen.

Rinderfilet

mit Meerrettichkruste

Für 4 Portionen

7 EL zimmerwarme Butter
5 EL frisch geriebener Meerrettich
1 EL gehackter frischer Thymian
Salz, Pfeffer aus der Mühle
4 EL Semmelbrösel
4 Rinderfilet à 180 g
4 EL Olivenöl

Zubereitungszeit: *25 Minuten*

Den Backofen auf 180 °C (Umluft 160 °C, Gas Stufe 2–3) mit Grillfunktion vorheizen.

Die Butter mit den Quirlen des Handrührers schaumig schlagen. Meerrettich und Thymian untermischen, salzen und pfeffern. Zum Schluss die Semmelbrösel einarbeiten.

Die Rinderfilets mit Salz und Pfeffer würzen. Das Olivenöl in einer feuerfesten Pfanne erhitzen und die Filets darin von jeder Seite 3 Minuten braten.

Die Oberfläche der Filets mit der Meerrettichmischung bestreichen. Die Pfanne in den Backofen stellen und die Filets etwa 8 Minuten gratinieren. Herausnehmen und servieren.

Tipp
Servieren Sie die Filets mit Kräuterbratkartoffeln, zubereitet aus rohen Kartoffeln und gehackten frischen Kräutern nach Geschmack.

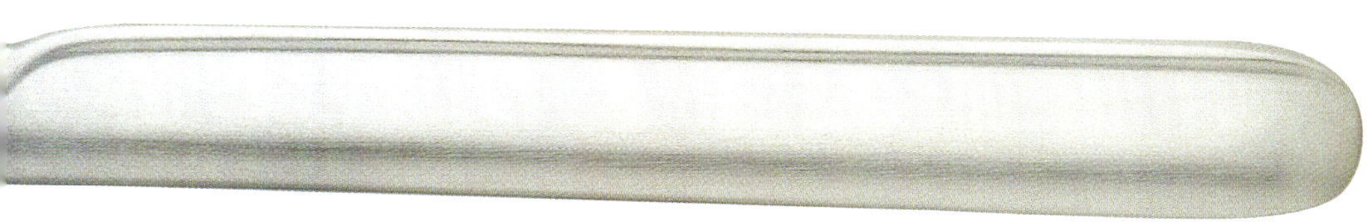

Rumpsteak

mit Zitronenblättern

Für 4 Portionen

4 Rumpsteaks à 180 g
Salz, Pfeffer aus der Mühle
4 EL sehr fein gehackte Zitronenblätter
1 EL gehackter Knoblauch
4 EL gehackte Schalotten
2 EL Dijonsenf

Zubereitungszeit: *30 Minuten*

Bei Rumpsteaks ist die hohe Qualität des Fleischs besonders wichtig.

Den Backofen auf 180 °C (Umluft 160 °C, Gas Stufe 2-3) vorheizen.

Die Rumpsteaks mit Salz und Pfeffer würzen. Zitronenblätter, Knoblauch, Schalotten und Senf miteinander verrühren und die Rumpsteaks von beiden Seiten mit dieser Mischung einreiben.

Die Steaks einzeln in Alufolie einwickeln und 12 Minuten im heißen Backofen garen.

Die Steaks aus der Folie nehmen und auf vorgewärmte Teller geben.

Tipp
Dazu passt ein bunter gemischter Salat und knusprige Bratkartoffeln.

Info
Die Steaks sollen vor der Zubereitung Zimmertemperatur angenommen haben, damit sie in der angegebenen Zeit optimal garen. Falls das Fleisch vor dem Braten feucht ist, mit Küchenkrepp abtupfen.

Marinierte Lammkoteletts

mit zehn frischen Kräutern

Die Paprikaschoten waschen, halbieren, Stielansätze, Samen und Samenwände entfernen und das Fruchtfleisch jeweils in drei lange Streifen schneiden.

Paprikastücke, Olivenöl, Knoblauch und alle Kräuter in einer tiefen Schüssel miteinander vermengen. Die Lammkoteletts einlegen und 2 Stunden marinieren lassen, dabei mehrmals mit der Kräutermasse bestreichen und darin wenden.

Nach Ende der Marinierzeit die Lammkoteletts und die Paprikastreifen herausnehmen. Beides salzen und pfeffern und auf einem vorgeheizten Grill oder in einer Pfanne jeweils 2 Minuten auf jeder Seite scharf anbraten. Koteletts und Paprikastreifen mit der Kräutermarinade servieren.

Für 4 Portionen

2 Paprikaschoten
40 EL Olivenöl (400 ml)
2 EL gehackter Knoblauch
2 EL gehackte Petersilie
2 EL gehackter Estragon
2 EL gehackter Rosmarin
2 EL gehackter Thymian
2 EL gehackter Kerbel
2 EL gehacktes Basilikum
2 EL gehackter Koriander
2 EL gehackter Salbei
2 EL gehackter Schnittlauch
2 EL gehackter Majoran
12 Lammkoteletts
Salz, Pfeffer aus der Mühle

Zubereitungszeit: *30 Minuten*
Marinierzeit: *2 Stunden*

Ein sommerliches Gericht, in dem sich die Aromen der mediterranen Küche ein Stelldichein geben.

Lammkarree

mit frischen Tomaten und Kräutern

Für 4 Portionen

2 Tomaten
4 Lammkarree à 200 g
Salz, Pfeffer aus der Mühle
4 EL Olivenöl
8 EL Weißwein
8 EL Gemüsebrühe
3 EL Butter
2 EL gehackte Schalotten
1 EL gehackter Knoblauch
1 EL gehackter frischer Rosmarin
1 EL gehackter frischer Thymian
1 EL gehackter frischer Estragon
1 EL gehackte frische Petersilie

Zubereitungszeit: *40 Minuten*

Den Backofen auf 160 °C (Umluft 140 °C, Gas Stufe 1–2) vorheizen.

Tomaten mit kochendem Wasser überbrühen, abziehen, die Samen entfernen und das Fruchtfleisch klein würfeln.

Die Lammkarrees von Fett und Sehnen befreien. Mit Salz und Pfeffer würzen.

Das Olivenöl in einer feuerfesten Pfanne erhitzen und die Karrees darin anbraten. Die Pfanne in den heißen Backofen stellen und das Fleisch in 10 Minuten fertig garen. Herausnehmen, in Alufolie einwickeln und warm stellen.

Das Fett aus der Pfanne abgießen. Den Bratfond mit Weißwein und Gemüsebrühe ablöschen, bei schwacher Hitze etwas reduzieren. Die Butter zufügen, Schalotten und Knoblauch darin kurz andünsten. Alle Kräuter und zum Schluss die Tomaten einrühren. Salzen und pfeffern.

Lammkarrees aus der Alufolie nehmen und auf vorgewärmte Teller geben. Mit der Tomaten-Kräuter-Jus übergießen.

Zum herben Lammfleisch passt die bunte Tomaten-Kräuter-Haube sowohl optisch als auch geschmacklich ideal.

Tipp

Dazu passen gratinierte Kartoffeln sowie grüne Bohnen und gegrillte Tomaten.

Kaninchenroulade

mit Backpflaumen in Rotwein-Senf-Sauce

Für 4 Portionen

8 EL gewürfelte Backpflaumen
4 EL Rotwein
4 Kaninchenkeulen
Salz, Pfeffer aus der Mühle
3 EL Dijonsenf
1 Eigelb
2 EL Cognac
2 EL gehackter frischer Rosmarin
4 EL Olivenöl

Für die Sauce:

2 EL Butter
1 TL Zucker
6 EL Rotwein
1 EL Dijonsenf
8 EL Crème fraîche

Zubereitungszeit: *60 Minuten*

Die Backpflaumen im Rotwein einweichen. Den Backofen auf 190 °C (Umluft 170 °C, Gas Stufe 3) vorheizen.

Von den Kaninchenkeulen die Knochen auslösen und die Sehnen entfernen. Die Keulen mit der offenen Seite nach oben auf die Arbeitsfläche legen, salzen und pfeffern.

Senf, Eigelb und Cognac miteinander verrühren und mit Rosmarin, Salz und Pfeffer würzen. Die Pflaumen aus dem Rotwein nehmen, kurz abtropfen lassen und untermischen. Diese Füllung auf die Keulen verteilen und diese wie Rouladen aufrollen. Jede Roulade wie ein Bonbon in Alufolie wickeln.

Die eingewickelten Rouladen in einer feuerfesten Pfanne im Olivenöl anbraten. Die Pfanne in den vorgeheizten Backofen stellen und die Keulen in 15 Minuten fertig braten.

Für die Sauce 1 Esslöffel Butter bei schwacher Hitze sanft erhitzen. Den Zucker zugeben und unter ständigem Rühren hell karamellisieren. Mit Rotwein ablöschen und etwas einkochen lassen. Senf und Crème fraîche mit einem Schneebesen unterrühren. Die Sauce kurz leicht kochen lassen und von der Kochstelle nehmen. Die restliche Butter mit einem Schneebesen in die Sauce schlagen.

Die Kaninchenkeulen aus der Folie wickeln, in Scheiben schneiden und auf vorgewärmte Teller verteilen. Mit der Rotwein-Senf-Sauce anrichten.

Tipp

Zu diesen Kaninchenkeulen passt hervorragend ein Kartoffelgratin oder Kartoffelrösti.

Ganzes Kaninchen

in Pommerysenf-Sauce

Den Backofen auf 200 °C (Umluft 180 °C, Gas Stufe 3–4) vorheizen.

Das Kaninchen mit Salz und Pfeffer innen und außen würzen, in einen Bräter legen und mit Olivenöl einpinseln. Mit 4 Esslöffeln Senf einstreichen, Thymian und Rosmarin darüber streuen.

Den Bräter in den heißen Backofen schieben und das Kaninchen etwa 45 Minuten braten. Nach 15 Minuten den Weißwein angießen, während der restlichen Bratzeit das Kaninchen ab und zu mit dem Bratensaft begießen.

Den Bräter aus dem Backofen nehmen, das Kaninchen auf eine Platte legen und warm halten.

Crème double und restlichen Senf in die Bratflüssigkeit einrühren. Die Sauce durch ein Sieb in eine Kasserolle passieren und etwa 3 Minuten leicht kochen lassen. Von der Kochstelle nehmen. Die Butter mit einem Schneebesen in die Sahne schlagen.

Das Kaninchen mit der Sauce überziehen und sofort servieren.

Tipp
Dazu passt ein frisches Mangoldgemüse und zerdrückte Kartoffeln.

Für 4 Portionen

1 küchenfertiges Kaninchen von 1,5 kg
Salz, Pfeffer aus der Mühle
6 EL Olivenöl
6 EL Pommerysenf
2 EL gehackter frischer Thymian
2 EL gehackter frischer Rosmarin
10 EL Weißwein
12 EL Crème double
3 EL kalte Butter

Zubereitungszeit: *60 Minuten*

Rehnüsschen

in Schalottensauce

Für 4 Portionen

8 Rehnüsschen à 80 g
Salz, Pfeffer aus der Mühle
4 EL Pflanzenöl
Für die Sauce:
2 EL Butter
1 EL Zucker
8 EL gehackte Schalotten
4 EL Balsamico-Essig
20 EL Rotwein (200 ml)
Salz, Pfeffer aus der Mühle
Außerdem:
4 EL gehackte glatte Petersilie

Zubereitungszeit: *30 Minuten*

Rotwein – unverzichtbar zu Wildgerichten, als begleitendes Getränk ebenso wie als Basis der Schalottensauce.

Die Rehnüsschen salzen und pfeffern.

Das Pflanzenöl erhitzen und die Rehnüsschen darin 2 Minuten von jeder Seite braten. Das Fleisch in Alufolie wickeln und im Backofen bei 80 °C warm halten.

Das Öl aus der Pfanne abgießen. Die Butter in der Pfanne zerlassen, den Zucker unter Rühren auflösen und die Schalotten darin bei starker Hitze 2 bis 3 Minuten schwenken, bis sie glasiert sind. Mit Balsamico-Essig und Rotwein ablöschen und die Flüssigkeit etwa auf die Hälfte einkochen lassen. Die Sauce mit Salz und Pfeffer würzen.

Die Rehnüsschen mit ihrem Saft in die Pfanne geben und mit Petersilie bestreuen. Sofort servieren.

Tipp
Ein Genuss mit frischem Rosenkohl und hausgemachten Spätzle.

Info
Die Nuss eines Rehes ist ein Teil der Keule.

Hirschfilet

in Preiselbeer-Wacholder-Sauce

Das Olivenöl in einer Pfanne erhitzen und die Hirschfilets darin nur kurz anbraten, so dass sie innen roh bleiben. Das Fleisch herausnehmen, in eine Kasserolle legen und zugedeckt bei 80 °C 15 Minuten im Backofen ruhen lassen, damit sich der Fleischsaft verteilen kann.

Das Fett abgießen. Die Butter in der Pfanne erhitzen und die Schalotten darin glasig braten. Preiselbeeren und Wacholder unterrühren, mit Gin und Rotwein ablöschen und alles wenige Minuten leicht kochen lassen. Den Fond zugießen und etwas einkochen lassen, bis die Sauce eine sämige Konsistenz hat. Mit wenig Salz und Pfeffer würzen.

Kurz vor dem Servieren die Hirschfilets mit ihrem Saft in die Sauce geben.

Für 4 Portionen

4 EL Olivenöl
4 Hirschfilets à 160 g
1 EL Butter
2 EL gehackte Schalotten
4 EL Preiselbeeren
1 TL gemahlene Wacholderbeeren
2 EL Gin
10 EL Rotwein
10 EL Wild- oder Kalbsfond
Salz, Pfeffer aus der Mühle

Zubereitungszeit: *30 Minuten*

Dazu passen frische, in der Pfanne kurz angebratene Pfifferlinge oder Steinpilze.

Himmlische Desserts

Leider ist es fast immer das Gleiche: Wenn der Nachtisch kommt, sind eigentlich schon alle satt! Doch seltsamerweise bleibt kaum jemals ein Dessert stehen – schon gar nicht, wenn Erdbeeren in grünem Pfeffer, karamellisierte Birnen in Blutorangensauce oder weiße Pfirsiche mit Champagner ihren unwiderstehlichen Duft ausströmen – ein wahrhaft stilvoller Abschluss eines köstlichen Menüs.

Erdbeeren

in grünem Pfeffer

Für 4 Portionen

500 g frische Erdbeeren
4 EL Zucker
1 TL Zimtpulver
3 EL Butter
6 EL Orangensaft
6 EL Cognac
2 EL Erdbeerkonfitüre
1 EL grüner Pfeffer

***Zubereitungszeit:** 20 Minuten*

Die Erdbeeren waschen, putzen und halbieren.

In einer kleinen Kasserolle Zucker, Zimtpulver und Butter unter Rühren bei schwacher Hitze heiß werden lassen, bis ein heller Karamell entstanden ist. Den Orangensaft sowie den Cognac einrühren und alles leicht kochen lassen. Die Sauce mit der Erdbeerkonfitüre binden.

Die Erdbeerhälften und den Pfeffer kurz in der Sauce schwenken und sofort servieren.

Tipp
Servieren Sie zu den Erdbeeren eine Kugel Vanilleeis.

Karamellisierte Birnen

in Blutorangensauce

Die Birnen waschen, schälen, halbieren und das Kerngehäuse herauslösen.

Die Butter und den Zucker in einer großen Pfanne unter Rühren bei schwacher Hitze heiß werden und leicht karamellisieren lassen.

Die Birnenhälften in die Pfanne legen. Weißwein und Blutorangensaft angießen und alles leicht kochen lassen, dabei die Birnen immer wieder mit der Flüssigkeit übergießen. Die Kräuter einrühren.

Die Birnen auf vier Teller geben und mit der Sauce übergießen. Mit den Kräuterblättern dekorieren.

Für 4 Portionen

4 Birnen
2 EL Butter
4 EL brauner Zucker
8 EL Weißwein
12 EL Blutorangensaft
1 EL gehackter frischer Estragon
1 EL gehackte frische Minze
Zum Dekorieren:
frische Estragonblätter
frische Minzeblätter

Zubereitungszeit: *30 Minuten*

Weiße Pfirsiche

mit Champagner auf Erdbeercoulis

Für 4 Portionen

200 g Erdbeeren
8 EL Weißwein
8 EL Zucker
1 TL Zimtpulver
4 weiße Pfirsiche
18 EL Champagner
Zum Dekorieren:
frische Minzeblätter

Zubereitungszeit: *40 Minuten*

Minze ist sowohl als Begleitung von Obst wie auch in Sektgetränken beliebt. In diesem Rezept dekoriert sie die Kombination aus beidem: in Champagner pochierte Pfirsiche.

Die Erdbeeren waschen und putzen. Mit 4 Esslöffeln Weißwein, 4 Esslöffeln Zucker und dem Zimtpulver im Mixer pürieren. Das Püree durch ein Sieb passieren.

Die Pfirsiche waschen, trockentupfen, halbieren und die Steine entfernen.

Den Champagner mit dem restlichen Wein und dem restlichen Zucker verrühren, die Pfirsichhälften einlegen und bei schwacher Hitze 10 Minuten pochieren. Die Pfirsiche herausnehmen und in Fächer schneiden.

Die Erdbeercoulis auf vier Teller verteilen und die Pfirsiche darauf arrangieren. Mit Minzeblättern dekorieren.

Tipp
Den Pochierfond vom Pfirsich nicht wegschütten. Sie können ihn nochmals verwenden, um andere Früchte zu pochieren oder um Fruchtsaucen herzustellen.

Rumsoufflé

luftig gebacken

Für 4 Portionen

3 Eier
4 EL Zucker
3 EL Rum
Außerdem:
1 TL Butter für die Formen
2 EL Zucker zum Auszuckern

Zubereitungszeit: *40 Minuten*

Den Backofen auf 180 °C (Umluft 160 °C, Gas Stufe 2–3) vorheizen. Vier Soufflé-Formen oder alternativ Kaffeetassen mit der Butter einfetten und mit dem Zucker auszuckern, indem jede Form so hin und her bewegt wird, dass sich der Zucker auf Boden und Wand anlegen kann.

Die Eier trennen. Eigelbe und Zucker mit einem Schneebesen oder den Quirlen des Handrührers so lange rühren, bis eine helle Masse entstanden ist. Rum unterschlagen. Das Eiweiß zu steifem Eischnee schlagen und mit einem Backspatel unter die Eigelbmasse heben.

Die Förmchen zu zwei Drittel ihrer Höhe mit der Soufflémasse füllen, in ein Wasserbad setzen und im Backofen 20 Minuten garen. Das Dessert sofort in den Förmchen servieren.

Das Soufflé können Sie anstelle von Rum auch mit Likören herstellen.

Baby-Ananas

in Basilikummarinade auf Brombeerspiegel

Für 4 Portionen

Für die Sauce:
4 Baby-Ananas
2 EL Zucker
4 EL Zitronensaft
4 EL Weißwein
4 EL Grand Marnier (französischer Likör)
4 EL gehacktes frisches Basilikum

Für den Brombeerspiegel:
8 EL Brombeeren
2 EL Zitronensaft
2 EL Zucker
2 EL Grand Marnier

Zubereitungszeit: *30 Minuten*

Die Ananas schälen, halbieren, den Strunk innen ausschneiden, das Fruchtfleisch in Scheiben schneiden und in den Kühlschrank stellen.

Zucker, Zitronensaft, Weißwein und Grand Marnier vermengen und bei schwacher Hitze etwa 2 Minuten leicht kochen lassen. Von der Kochstelle nehmen und abkühlen lassen.

Inzwischen für den Fruchtspiegel Brombeeren, Zitronensaft, Zucker und Grand Marnier im Mixer pürieren. Das Püree durch ein Sieb passieren.

Das Basilikum in die abgekühlte Weinsauce geben und die Ananas damit marinieren.

Die Brombeersauce auf vier Teller als Spiegel verteilen und die marinierten Ananasscheiben mit der Marinade darauf arrangieren.

Das süße Aroma der Brombeeren geht mit der Frische von Zitonensaft, Weißwein, Grand Marnier, Ananas und Basilikum eine wunderbare Mischung ein.

Tatar von Erdbeeren

mit Estragon im Reisblatt

Für 4 Portionen

8 Blatt Reispapier
16 EL gehackte Erdbeeren
4 EL Zucker
2 EL gehackter frischer Estragon
3 EL Butter
4 EL Grand Marnier (französischer Likör)
4 EL Weißwein

Zubereitungszeit: *40 Minuten*

Süße Erdbeeren in Bestform – kombiniert mit herbem Estragon, phantasievoll verpackt und mit fruchtig-aromatischer Grand-Marnier-Sauce überzogen.

Die Reisblätter in kaltem Wasser etwa 10 Minuten einweichen. Herausnehmen und auf einem trockenen Küchentuch abtropfen lassen.

Die Erdbeerstückchen mit 2 Esslöffeln Zucker und dem Estragon vermischen. Diese Füllung auf die Reisblätter in die Mitte verteilen. Die Reisblätter zu kleinen Taschen formen, indem die Ränder in die Mitte geschlagen werden, wo sie sich leicht überlappen sollen.

In einem kleinen Topf 1 Esslöffel Butter mit dem restlichen Zucker bei schwacher Hitze sanft erhitzen und unter ständigem Rühren karamellisieren. Grand Marnier und Weißwein zugießen und alles leicht kochen lassen, bis die Sauce eine sirupartige Konsistenz hat.

Die restliche Butter erhitzen und die Reisblattpäckchen darin kurz von beiden Seiten braten.

Die Reisblattpäckchen auf vier Teller verteilen und mit der Grand-Manier-Sauce überziehen.

Pochierte Feigen

in Cassis-Rotwein-Sauce

Rotwein, Zucker und Likör in einer Kasserolle zum Kochen bringen und in etwa 3 Minuten einkochen lassen.

Die Feigen waschen, mit einem scharfen Messer rundum längs einschneiden und vorsichtig drücken, so dass die Feige sich öffnet und die Sauce eindringen kann.

Die Feigen in die Sauce legen und bei schwacher Hitze 5 Minuten leicht kochen lassen, dabei immer wieder mit Sauce übergießen. Die Feigen in tiefe Teller geben, mit Sauce überziehen und servieren.

Tipp
Das Dessert mit einer Kugel Vanilleeis servieren.

Für 4 Portionen

16 EL Rotwein
6 EL Zucker
12 EL Crème de cassis (schwarzer Johannisbeerlikör)
8 frische Feigen

Zubereitungszeit: *20 Minuten*

Eine klassische Kombination: Frische Feigen mit Cassis und Rotwein.

Beerensalat

mit Campari und Minze

Für 4 Portionen

16 EL Himbeeren
16 EL Brombeeren
4 EL Zitronensaft
2 EL Honig
8 EL Campari
(italienischer Bitter-Aperitif)
2 EL Zucker
Zum Dekorieren:
frische Minzeblätter

Zubereitungszeit: *20 Minuten*

6 Esslöffel Himbeeren und 6 Esslöffel Brombeeren mit Zitronensaft, Honig, Campari und Zucker im Mixer fein pürieren. Das Püree durch ein Sieb passieren.

Die restlichen Himbeeren und Brombeeren in vier tiefe Teller verteilen. Mit der Camparisauce übergießen und mit der frischen Minze dekorieren.

Tipp
Dazu passt sehr gut ein Fruchtsorbet, vorzugsweise aus Himbeeren oder Brombeeren.

Champagner-Sabayon

vom Feinsten

Eigelbe und Zucker über einem warmen Wasserbad mit einem Schneebesen oder den Quirlen eines Handrührers in etwa 4 Minuten cremig, aber nicht schaumig schlagen, dabei unter ständigem Rühren den Champagner nach und nach einlaufen lassen.

Die Schüssel aus dem Wasserbad nehmen und die Sabayon noch wenige Minuten weiterschlagen.

Tipp
Die Sabayon passt hervorragend als Sauce zu frischen Früchten. Notfalls können Sie den Champagner durch Sekt oder Weißwein ersetzen. Wenn die Sabayon zum Schluss auf Eis geschlagen wird, bleibt ihre luftige Struktur länger erhalten. Dafür einfach die Schüssel mit der Sauce auf eine mit Eiswasser gefüllte Schüssel setzen.

Für 4 Portionen

4 Eigelbe
6 EL Zucker
12 EL Champagner

Zubereitungszeit: *10 Minuten*

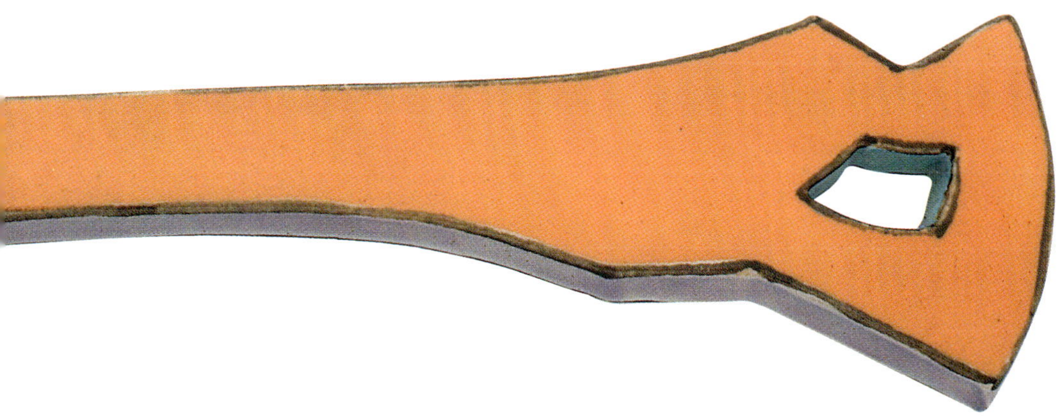

Äpfel

in Mandel-Karamell-Sauce

Für 4 Portionen

4 Äpfel
3 EL Butter
6 EL Zucker
4 EL gehobelte Mandeln
1 TL Zimtpulver
8 EL Orangensaft
4 EL Calvados

Zubereitungszeit: *20 Minuten*

Die Äpfel waschen, Kerngehäuse entfernen und das Fruchtfleisch in Würfel schneiden.

In eine Pfanne Butter, Zucker, Mandeln und Zimtpulver bei schwacher Hitze sanft erhitzen und unter Rühren hell karamellisieren. Mit Orangensaft und Calvados ablöschen.

Die Apfelstücke zugeben und alles zugedeckt 10 Minuten leicht kochen lassen. Warm servieren.

Datteln

in Lavendelhonigsauce

Für 4 Portionen

24 frische Datteln
4 EL Lavendelhonig
4 EL Grand Marnier (französischer Likör)
2 EL Zitronensaft
8 EL Crème fraîche
Zum Dekorieren:
frische Minzeblätter

Zubereitungszeit: *25 Minuten*

Die Datteln schälen und das Fruchtfleisch von den Kernen lösen.

In einer Schüssel Honig, Grand Marnier und Zitronensaft miteinander verrühren. Die Crème fraîche unterrühren und alles gut miteinander vermischen.

Die Datteln auf vier Tellern arrangieren. Die Sauce darüber geben und mit Minze dekorieren.

Frische Datteln und eine mit Grand Marnier aromatisierte, honigsüße Crème-fraîche-Sauce – ein edles Dessert, das schnell zubereitet ist.

Champagnermelonen

Geeiste Suppe mit Himbeeren und Minze

Für 4 Portionen

2 mittelgroße Melonen
12 EL Champagner
8 EL frische Himbeeren
1 EL Zucker
Zum Dekorieren:
12 frische Minzeblätter

Zubereitungszeit: *20 Minuten*

Die Schalenhälften der Melonen werden zu attraktiven Suppenterrinen, das saftige, zart-aromatische Fruchtfleisch zur Basis dieser edlen geeisten Champagnersuppe.

Die Melonen waschen. Oben und unten jeweils eine dünne Scheibe abschneiden, so dass die Fruchthälften später auf dem Teller stehen bleiben, die Flüssigkeit aber nicht herauslaufen kann. Die Melonen quer halbieren, so dass sie auf den abgeschnittenen Enden stehen können. Die Samen entfernen und das Melonenfleisch mit einem Löffel herauslösen, ohne die Schale von innen zu verletzen.

Melonenfleisch, Champagner, Himbeeren und Zucker fein pürieren. Die Mischung durch ein Sieb passieren.

Die Suppe in die Melonenhälften füllen und mit der Minze dekorieren.

Tipp

Man kann diese Suppe als sommerliche Vorspeise genießen oder als Dessert, beispielsweise mit einer Kugel Zitronensorbet.

Halbgefrorenes

von Zimt

In einem kleinen Topf 10 Esslöffel Zucker mit dem Wasser unter Rühren kochen, bis ein Sirup entsteht.

Die Eigelbe mit dem restlichen Zucker schaumig aufschlagen, dabei den Sirup nach und nach unter ständigem Rühren einlaufen lassen. Die Mischung abkühlen lassen.

Zimt und Calvados unter die abgekühlte Masse ziehen.

Die Sahne steif schlagen und ebenfalls unterheben.

Die Masse in eine entsprechende Form füllen und mindestens 3 Stunden im Eisfach gefrieren lassen.

Für 10 Portionen

12 EL Zucker
3 EL Wasser
8 Eigelbe
4 TL Zimtpulver
4 EL Calvados
500 g Sahne

Zubereitungszeit: *30 Minuten*
Gefrierzeit: *3 Stunden*

Ein unwiderstehliches Dessert – ganz gleich, ob für große oder kleine Gäste.

Mousse au Café

aufregend anregend

Für 4 Portionen

2 Eier
5 EL Puderzucker
24 EL Sahne (250 g)
3 Blatt Gelatine
4 EL kalter starker Kaffee
Zum Dekorieren:
etwas geschlagene Sahne
einige Kaffeebohnen

Zubereitungszeit: *50 Minuten*
Kühlzeit: *2 Stunden*

Die Eier trennen. Eigelbe und Puderzucker schaumig aufschlagen. Eiweiß zu steifem Eischnee schlagen. Die Sahne ebenfalls steif schlagen.

Die Gelatine in wenig kaltem Wasser etwa 5 Minuten einweichen. Ausdrücken, das Wasser abgießen und die Gelatine bei sehr schwacher Hitze auflösen.

Inzwischen den Kaffee unter die Eigelbmasse mischen. Die aufgelöste Gelatine in die Eigelbmasse rühren. Den Eischnee unterheben. Die Schlagsahne unter die Kaffeecreme mischen, dabei ständig rühren, damit sich die Gelatine nicht absetzt.

Die Mousse in eine Servierschüssel füllen und mindestens 2 Stunden im Kühlschrank fest werden lassen.

Die Mousse in der Schüssel servieren und mit Schlagsahne und Kaffeebohnen dekorieren.

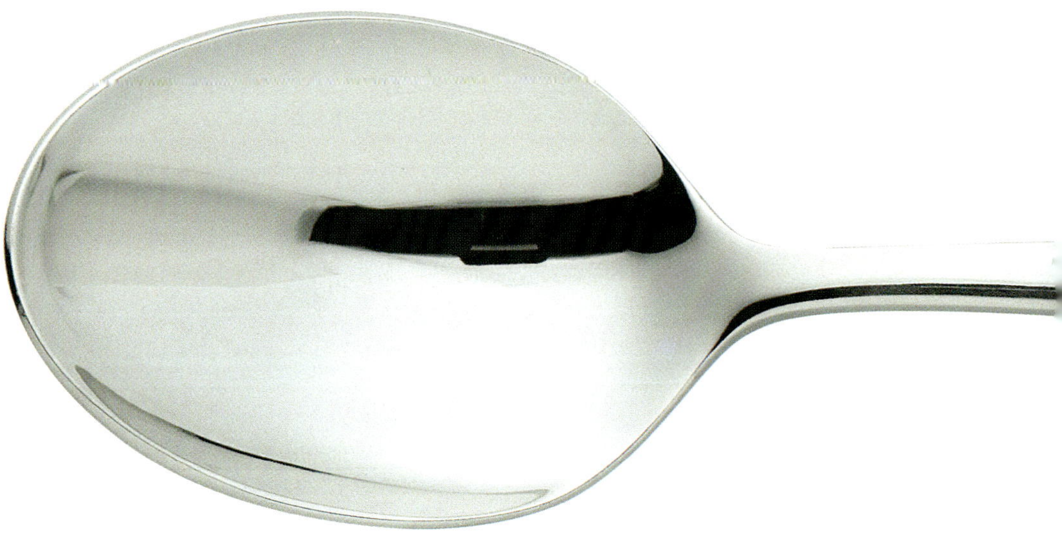

Mousse au Chocolat

zartschmelzend

Kuvertüre im Wasserbad schmelzen lassen, Wasser und Grand Marnier unterrühren. Von der Kochstelle nehmen und wieder auf etwa 35 °C abkühlen lassen.

Die Eier trennen. Die Eigelbe schaumig rühren und schnell unter die Kuvertüremasse mischen.

Das Eiweiß zu steifem Eischnee schlagen und unter die Schokoladenmasse heben.

Die Mousse 2 Stunden im Kühlschrank ruhen lassen.

Tipp
Sie können die Mousse auf Tellern arrangieren, mit frischen Früchten dekorieren und mit Puderzucker bestäuben. Oder Sie füllen die Mousse vor dem Kühlstellen in schöne Gläser, servieren sie darin und reichen Schlagsahne oder frische Früchte dazu.

Für 6 Portionen

150 g zartbittere Kuvertüre
3 EL Wasser
2 EL Grand Marnier
(französischer Likör)
6 Eier

Zubereitungszeit: *30 Minuten*
Kühlzeit: *2 Stunden*

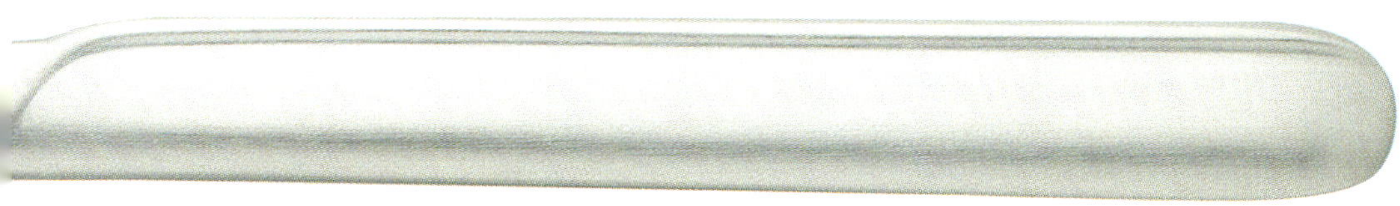

Baba

mit Williamsbirne

Für 4 Portionen

10 EL Mehl
3 EL Butter
2 Eier
1 TL Trockenhefe
10 EL Sahne
Für den Sirup:
3 EL Zucker
10 EL Williamsbrand
10 EL Wasser
Außerdem:
etwas Butter für die Formen

Zubereitungszeit: 50 Minuten

Den Backofen auf 180 °C (Umluft 160 °C, Gas Stufe 2–3) vorheizen. Vier kleine Baba-Förmchen oder andere Förmchen mit Butter ausfetten.

Das Mehl in die Schüssel einer Küchenmaschine sieben und mit der Butter verrühren. Zunächst Eier und Hefe und zum Schluss die Sahne unterrühren. Alles zu einem geschmeidigen Teig verarbeiten.

Den Teig in die Förmchen füllen und 30 Minuten backen.

Die Babas aus den Förmchen stürzen und in eine flache weite Schüssel geben, so dass sie alle auf deren Boden Platz finden. Die Babas abkühlen lassen.

Inzwischen Zucker, Schnaps und Wasser kurz erhitzen. Die Mischung über die Babas geben und etwa 10 Minuten durchziehen lassen.

Hauchdünne Crêpes

einfach himmlisch

Für etwa 20 Crêpes

20 EL Mehl (200 g)
2 Eier
1 EL Pflanzenöl
50 EL Milch (1/2 l)
1 Prise Salz
1 EL Butter

Zubereitungszeit: 20 Minuten

Das Mehl in eine Rührschüssel geben und in die Mitte eine Vertiefung drücken. Die Eier und das Öl zufügen. Mit den Quirlen des Handrührers oder der Küchenmaschine verschlagen, dabei nach und nach die Milch einlaufen lassen. Den Teig salzen. 1 Stunde ruhen lassen.

Die Butter in einer beschichteten Pfanne zerlassen und in ein kleines Gefäß umfüllen.

Eine Portion Teig mit einem kleinen Schöpflöffel in die Pfanne geben, dabei diese so schwenken, dass er sich gleichmäßig dünn ausbreiten kann. Den Pfannkuchen von beiden Seiten goldbraun backen. Herausnehmen und warm halten. Die Pfanne bei Bedarf wieder mit Butter auspinseln und den restlichen Teig portionsweise zu weiteren Pfannkuchen ausbacken.

Tipp
Diese Crêpes eignen sich phantastisch zum Füllen oder Bestreichen, z. B. mit Schokoladensauce, Honig, Marmelade – oder herzhaft mit Champignons, Garnelen, geräuchertem Lachs, gebratener Leber oder Gemüse der Saison. Einer meiner Favoriten: Crêpes gefüllt mit Maronencreme und geschlagener Sahne. Dazu ein Glas Cidre – ein Genuss!

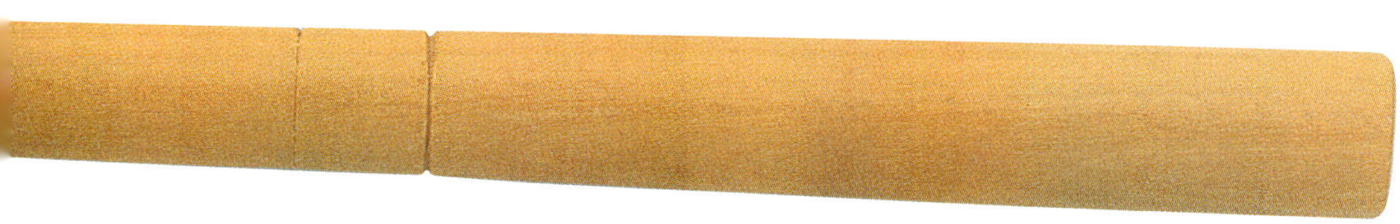

Himbeergratin

Fruchtiges heiß serviert

Für 4 Portionen

16 EL Himbeeren
2 EL Puderzucker
4 EL Orangensaft
4 Eigelbe
4 EL Zucker
6 EL Himbeergeist
6 EL geschlagene Sahne
Zum Dekorieren:
frische Minzeblätter

Zubereitungszeit: *30 Minuten*

Himbeeren mit ihrem sommerlich-süßen Aroma sind gratiniert ein besonderer Genuss.

Den Backofen auf 180 °C (Umluft 160 °C, Gas Stufe 2–3) mit Grillfunktion vorheizen.

Die Himbeeren gleichmäßig mit Puderzucker bestäuben, mit Orangensaft begießen und ziehen lassen.

Eigelbe, Zucker und Himbeergeist über einem warmen Wasserbad mit einem Schneebesen oder den Quirlen eines Handrührers cremig, aber nicht schaumig schlagen.

Über einem kalten Wasserbad weiterschlagen, bis die Creme erkaltet ist.

Die Sahne unter die Creme heben.

Die Himbeeren auf vier feuerfeste Formen oder Teller verteilen. Die cremige Masse über die Himbeeren geben und im Backofen in etwa 3 Minuten gratinieren.

Mit den Minzeblättern dekorieren und sofort servieren.

Clafoutis

der beliebte Kirschkuchen

Die Kirschen waschen und entkernen.

Den Backofen auf 180 °C (Umluft 160 °C, Gas Stufe 2–3) vorheizen. Eine Backform mit Butter ausfetten.

Eier und Zucker mit einem Schneebesen schaumig aufschlagen. Das Mehl unter den Eischaum mischen. Die Milch nach und nach unter Rühren zugießen. Zum Schluss das Kirschwasser unterrühren.

Die Kirschen in die Form legen, mit dem Teig bedecken und mit etwas Zucker bestreuen.

Den Auflauf 30 Minuten backen.

Für etwa 6 Portionen

500 g Süßkirschen
4 Eier
4 EL Zucker
4 EL Mehl
16 EL Milch
2 EL Kirschwasser
Außerdem:
1 EL Butter für die Form
etwas Zucker zum Bestreuen

Zubereitungszeit: *50 Minuten*

Fast unsichtbar sind die im Teig versunkenen Kirschen beim Clafoutis – aber dafür umso wohlschmeckender.

Schokoladenkuchen

warm oder kalt ein Genuss

Für 6 Portionen

250 g zartbittere Kuvertüre
2 EL Grand Marnier (französischer Likör)
10 EL zimmerwarme Butter
4 EL gemahlene Mandeln
5 Eier
15 EL Zucker
Außerdem:
etwas Butter für die Form

Zubereitungszeit:
1 Stunde 30 Minuten

Den Backofen auf 180 °C (Umluft 160 °C, Gas Stufe 2–3) vorheizen. Eine runde Backform von etwa 22 Zentimeter Durchmesser mit Butter ausfetten.

Die Kuvertüre grob zerteilen und mit dem Grand Marnier in einem Wasserbad unter Rühren schmelzen. Von der Kochstelle nehmen und etwas abkühlen lassen.

Die Butter mit dem Schneebesen unter die Schokolade rühren, bis eine glatte Masse entstanden ist. Die Mandeln untermischen. Die Eier trennen. Die Eigelbe mit der Hälfte des Zuckers schaumig schlagen. Die Schokoladenmasse unter die Eigelbmasse mischen.

Das Eiweiß zu steifem Eischnee schlagen, dabei nach und nach den restlichen Zucker einrieseln lassen. Den Eischnee unter die Schokoladenmasse heben.

Die Schokoladenmasse in die Form gießen und den Kuchen im heißen Ofen etwa 45 Minuten backen.

Kuchen mit Mokkacreme

eine feine Sache

Für 6–8 Portionen

Für den Kuchen:
5 Eier
12 EL Zucker
15 EL Mehl
7 EL zimmerwarme Butter
Für die Mokkacreme:
2 Eigelbe
4 EL Zucker
4 EL starker Kaffee (Mokka)
8 EL kalte Butter
Außerdem:
1 EL Butter für die Form

Zubereitungszeit:
1 Stunde 30 Minuten

Den Backofen auf 180 °C (Umluft 160 °C, Gas Stufe 2–3) vorheizen.

Die Eier trennen. Eigelbe und Zucker schaumig schlagen, dabei das Mehl unter Rühren nach und nach dazusieben. Die Butter zugeben und gut unterrühren. Das Eiweiß zu steifem Eischnee schlagen und unter die Mehlmischung heben.

Eine kleine Kastenform mit der restlichen Butter einfetten und die Masse einfüllen. Den Boden 40 Minuten backen. Aus dem Backofen nehmen und abkühlen lassen.

Inzwischen für die Mokkacreme Eigelbe und Zucker in einem kleinen Topf verrühren. Den Kaffee unter Rühren nach und nach einlaufen lassen. Die Mischung bei schwacher Hitze ständig rühren, bis sie eine cremige Konsistenz hat. Von der Kochstelle nehmen. Die Butter nach und nach einrühren.

Den ausgekühlten Boden quer halbieren. Etwa die Hälfte der Mokkacreme auf dem ersten Boden verstreichen. Den zweiten Boden aufsetzen und ebenfalls mit Creme bestreichen. Den Kuchen rundherum mit der restlichen Creme verkleiden, so dass kein Teig mehr sichtbar bleibt.

Rezeptregister

Mengenangaben

2 EL gehackte frische Kräuter	= 1 Bund Kräuter
2 EL gewürfelte Tomaten	= 1 Tomate
4 EL gehackte Zwiebeln	= 1 mittelgroße Zwiebel
1 EL gehackter Knoblauch	= 3 Zehen Knoblauch
10 EL Beeren	= 1 Schale Beeren
2 EL Zitronensaft	= Saft von 1/2 großen Zitrone
4 EL Orangensaft	= Saft von 1 Orange
10 EL Sahne	= 100 g Sahne
10 EL Wein	= 100 ml Wein
10 EL Fond	= 100 ml Fond
1 EL Butter	= 15 g Butter

Der Autor
Patrick Coudert schloss seine Ausbildung bei Paul Bocuse als bester Lehrling Frankreichs ab. Es folgten Stationen in Spitzenhäusern in London, New York und Montréal. Schließlich wurde er jüngster Küchenchef Deutschlands mit einem Michelin-Stern. Später erkochte er sich einen zweiten Stern. Bei der Führung eigener Restaurants in Frankreich und Deutschland (in Krefeld und in Prien am Chiemsee) ist der Sternekoch der französischen Küche immer treu geblieben. Wichtig sind ihm stets Frische und Qualität der Produkte. »Man sollte nicht vorher festlegen, was man einkaufen wird, sondern sich auf dem Markt inspirieren lassen.«

Die Fotografin
Angela Francisca Endress lebt und arbeitet als freie Fotografin in der Nähe von Frankfurt am Main. Nach dem Studium an der Hochschule für Bildende Künste in Kassel war sie u.a. fünf Jahre im Fotostudio der Porzellanmanufaktur Rosenthal in Selb tätig. Nach elfjähriger Partnerschaft in einer Frankfurter Fotostudiogemeinschaft hat sie 1992 ihr eigenes künstlerisches Studio eröffnet. Marion Curth, Wehrheim und Gisela Feuser, Frankfurt arbeiten als Foodstylistinnen für sie.

Bildnachweis
Alle Fotos stammen von Angela Francisca Endress, Usingen außer:
Archiv Kraxenberger, München: Titelbild (Fond);
Südwest Verlag, München: 6 (E. van Kempen), 12, 20, 32, 44, 52, 66, 86, 100, 110 (R. Hofmann), 28 (F. Heuer), 48, 76, 94 (Ch. Kargl), 82 (K. Newedel), 60 (Reisner), 106 (A. Schliack), 116 (B. Schieren), 122 (J. Heller)

2. Auflage 1999

Dank
Wir danken der Firma WMF AG, Geislingen für die freundliche Unterstützung.

Impressum
Der Südwest Verlag ist ein Unternehmen der Verlagshaus Goethestraße GmbH & Co. KG.

Redaktion: Dr. Ute Paul-Prößler
Projektleitung: Susanne Kirstein
Bildredaktion: Sabine Kestler
Layout: Manuela Hutschenreiter
Umschlag: Kraxenberger KommunikationsHaus
DTP/Satz: Andreas Rimmelspacher
Produktion: Manfred Metzger (Leitung), Annette Aatz, Dr. Erika Weigele-Ismael
Printed in Italy

Gedruckt auf chlor- und säurearmem Papier

ISBN 3-517-06052-6